제4차 산업 혁명과 교육

학교의 미래, 미래의 학교

김재춘 지음

차례

| 머리말 | ………………………………………………………………… 4 |

| 프롤로그 | 학교라는 알을 깨고 나오기 ………………………………… 10 |

| 1부 | 4차 산업 혁명 시대, 새로운 교육을 부른다 ……………… 14 |

1. 인류 역사상 경험하지 못했던 거대한 변화: 4차 산업 혁명 ………… 15
2. 4차 산업 혁명의 핵심: 디지털 기술 ………………………………… 18
3. 4차 산업 혁명의 공장 사례: 스피드 팩토리와 스토어 팩토리 ……… 24
4. 4차 산업 혁명의 결과: 일자리의 종말? …………………………… 27
5. 교육 현장에 적용된 4차 산업 혁명의 사례: 인공 지능 조교 '질 왓슨' …… 31

| 2부 | 4차 산업 혁명 시대, 교육 혁신을 위한 새로운 관점들 ……… 37 |

1. 컴퓨터와 싸울 것인가, 컴퓨터를 부릴 것인가? ……………………… 38
2. 교육을 표준화할 필요가 있는가? ……………………………………… 43
3. 인간의 지능은 하나인가, 여럿인가? ………………………………… 46
4. 교사가 필요한가? ………………………………………………………… 53
5. 한 교실에서 개인 맞춤형 학습이 가능한가? ………………………… 59
6. 닫힌 교실인가, 열린 공간인가? ……………………………………… 61
7. 학교가 창의성을 죽이는가? …………………………………………… 65

| 3부 | 세계의 혁신적인 학교들 …………………………………… 71 |

1. 미국의 '칸 랩 스쿨'
   : 첨단 테크놀로지를 활용하여 완전 학습과 개별 학습을 실천하는 학교 …………… 72

2. 네덜란드의 '스티브 잡스 스쿨'
  : 아이패드를 활용하여 개인 맞춤형 교육을 실시하는 학교 ·············· 83
3. 미국의 '메트고등학교'
  : 자기 주도 학습과 인턴을 통해 학습하는 학교 ···················· 88
4. 덴마크의 '외레스타드 김나지움'
  : 다양한 교수법을 계속해서 실험하는 학교 ························ 97
5. 미국의 스탠포드대학교
  : 미래 대학 교육의 혁신적인 방향을 탐색하는 '스탠포드 2025' 프로젝트 ············ 102
6. 미국의 올린공과대학교
  : '직접 해 보는 공학'을 실천하는 대학 교육 ······················· 108
7. 캐나다의 '퀘스트대학교'
  : '블록 스케줄'을 운영하는 교육 중심 대학 ······················· 113
8. 미네르바 스쿨
  : 세계 7개국의 기숙사로 옮겨 다니면서 100% 온라인 토론 수업을 실시하는 대학 ··· 116

4부 **4차 산업 혁명 시대를 대비한 한국 교육의 혁신 방향** ········ 126
1. 현재의 학교 교육: 1, 2차 산업 혁명의 산물 ······················ 128
2. 교육의 새로운 패러다임: 근대 학교 교육은 어떻게 바뀌어야 하는가? ······· 134
3. 학교 교육의 새로운 대안: '교육의 항해 모형' ···················· 165
4. '교육의 항해 모형'의 주요 특징과 의의 ························ 172

부록 ·· 179

참고 문헌 ··· 194

머리말

인공 지능의 발달로 현재 인간이 하고 있는 단순·반복 업무는 인공 지능이 맡게 될 것이라는 이야기에 많은 사람이 동의한다. 그래서 인간은 창의성이나 감성 관련 직종 또는 인간의 세심한 서비스가 필요한 분야 등 기계가 인간을 대체하기 쉽지 않은 분야에 집중할 필요가 있다고 말한다. 그러나 요즘 인공 지능의 발달 속도나 적용 범위 등을 고려하면 이러한 '인간적인' 분야조차도 인공 지능에 의해 대체될 가능성이 많아 보인다. 『호모 데우스: 미래의 역사』의 저자 유발 하라리Yuval Harari는 창의성의 마지막 성역이라 불리는 예술에서조차 인공 지능이 인간을 대체할 것이라고 전망한다.

그러면 사람은 무엇을 할 것인가? (인간만의) 마지막 성역은 예술이라는 말을 흔히 한다. 컴퓨터가 의사, 운전기사, 교사, 심지어 지주까지 대체하는 세상이 오면 모든 사람이 예술가가 된다는 것이다. 왜 컴퓨터가 인간보다 작곡을 못할 거라고 확신하는가?

......

데이비드 코프David Cope는 캘리포니아 대학교 산타크루즈 캠퍼스의 음악 교수이다. 그는 고전 음악계에 물의를 빚은 인물이기도 하다. 코프는 협주곡, 합창곡, 교향곡, 오페라를 작곡하는 프로그램을 만들고자 했다. 그의 첫 번째 창조물인 EMI Experiments in Musical Intelligence: 음악 지능 실험는 만드는 데 7년이 걸렸지만, 일단 완성되자 바흐 풍의 합창곡을 하루에 5,000곡씩 작곡했다. 코프는 그중에서 몇 곡을 골라 산타크루즈에서 열린 한 음악 축제에서 연주했다. 청중은 경이로운 연주에 열광하며 찬사를 보냈고, 그 음이 자신들의 내면에 얼마나 깊은 울림을 주었는지 흥분해서 설명했다.

......

EMI는 계속 향상되어 베토벤, 쇼팽, 라흐마니노프, 스트라빈스키의 곡들을 모방할 수 있게 되었다. 오리건 대학교의 스티브 라슨 교수는 코프에게 음악 대결을 신청했다. 라슨이 제안한 방법은 전문 피아니스트들에게 바흐, EMI, 라슨의 곡을 연속으로 연주하게 하고, 그런 다음 청중에게 누가 어느 곡을 작곡했다고 생각하는지 투표하게 하는 것이었다. 결과는 어땠을까? 청중은 EMI의 곡을 바흐 작품으로, 바흐 작품을 라슨의 곡으로, 라슨의 곡을 컴퓨터가 만든 것으로 생각했다.

......

EMI의 성공에 이어 코프는 새롭고 훨씬 더 정교한 프로그램들을 만들었다. 그가 만든 최고의 작품은 '애니Annie'였다. EMI는 미리 정해진 규칙에 따라 작곡하는 반면, 애니는 기계 학습에 의존한다. 코프는 애니가 다음에 무엇을 작곡할지 전혀 짐작하지 못한다.(Harari, 2015: 443~445)

단순 반복 업무뿐만 아니라 창의성 관련 분야에서조차도 기계가 인간을 대체하는 사회는 유토피아라기보다는 디스토피아에 더 가깝다. 유발 하라리는 가까운 미래에는 많은 데이터를 수집하여 관리하고 활용하는 극소수의 사람만이 신인류로 등장하고, 상당수의 사람은 '쓸모없는 계층useless class'으로 전락할 것이라고 예측한다. 더 나아가 생물학과 전산학의 결합으로 생체 칩을 활용하는 인간인 사이보그가 출현하고, 인간의 생각과 감정을 해킹하는 것이 가능한 사회가 등장할 것이라고 한다. 이러한 사회에서 우리 일반인은 무엇을 할 수 있을까? 이러한 사회에서 학교 교육은 무엇을 어떻게 할 수 있을까? 더 나아가 기계의 지능이 인류 전체의 지능을 능가하는 특이점singularity의 시대가 온다면 교육은 도대체 필요하기나 한 걸까? 이러한 시대가 언제쯤 올 것인가에 대해서는 전문가들 사이에서도 많은 논란이 있지만, 분명한 것은 우리가 생각하는 것보다 변화가 더 빨리 일어나고 있다는 점이다. 이러한 미래 전망은 상당히 비관적이고 암울하다. 미래의 변화를 좀더 구체적으로 전망하고 그에 대한 대책을 논의하는 것은 현재 필자의 능력 범위를 벗어난다.

  그럼에도 불구하고 4차 산업 혁명이 진전되면서 우리 삶에 적어도 몇 가지 현상은 두드러질 것이라는 점은 분명하다. 첫째, 인간을 대체하는 인공 지능의 등장으로 인간의 일자리가 줄어들 것이다. 둘째, 일자리를 구하지 못하거나 소득이 없는 사람들의 증가로 국가가 구성원 모두에게 일정한 소득을 제공하는 복지 제도, 즉 '보편적 기본 소득universal basic income' 제도가 시행될 것이다. 셋째, 고소득자나 기본 소득자 모두 발생된 잉여 시간을 어떻게 의미 있게 보낼지가 중요한 사회적 이슈가 될 것이다. 일로부터 해방된 사람들은 자신의 관심이나 흥미를 추구하는 활동에 참여할 것이다. 필자는 문학 작품 등을 읽고 토론하고 나누는 독서 활동, 다양한 음악회 또는 전시회 등을 누리는 문화생활, 각종 경기에 참여하거나 관람하는 것을 즐기는 스포츠 활동, 스마트 기기를 통해 즐기는 사이버 게임 활동 등의 다양한 취미 활동 또는 동아리 활동이 더욱 활발해질 것이라고 본다. 더 나아가 뭔가를 새로 배우는 일을 즐기는 사람도 많아질 것이라고 본다. 이러한 기대 또는 전망은 다가올 미래 사회가 디스토피아가 아니라 유토피아가 되기를 바라는 필자의 희망이기도 하다.

그렇다면 우리는 현재 학교에 다니고 있는 학생들에게 무엇을 어떻게 가르쳐야 하는가? 많은 시간을 인공 지능과 함께 보내며 미래 사회를 살아갈 학생들에게 무엇을 어떻게 가르칠 것인가? 초등학생들은 최소한 15년 후에, 중학생들은 최소한 10년 후에나 세상에 나갈 것이다. 그러나 세상이 너무 빨리 변해서 10년이나 15년 후에 얼마나 어떻게 바뀔지 알 수 없다. 그러니 학생들에게 무엇을 어떻게 가르쳐야 하는지에 대해 우리는 머뭇거릴 수밖에 없다. 이런 딜레마에서 학교 교육에서 무엇을, 어떻게, 왜 바꾸어야 할 것인가에 대한 필자의 개인적인 생각을 책에 담아 세상에 내놓는다. 이 책은 우리 학생에게 무엇을, 어떻게, 왜 가르쳐야 하는가에 대한 하나의 정답을 제시하는 책이라기보다는 이 문제에 대해 함께 고민해 볼 수 있도록 다양한 생각거리를 제시하는 책이다. 그래서 필자는 이 책을 내용이나 형식에 있어서 전문적인 서적이기보다는 누구나 쉽게 읽으면서 함께 생각해 볼 수 있도록 자유분방하면서도 평이한 스타일로 집필하고자 하였다. 이 책이 정말로 그런 의도에 맞게 집필되었는지에 대한 판단은 오로지 독자의 몫이다.

이 책을 집필하면서 여러 범주의 자료들이 도움이 되었다. 관련 서적 이외에 TED를 포함한 다양한 유튜브 동영상, 여러 주제에 대한 위키피디아 자료, 각 기관의 홈페이지 등 다양한 인터넷 자료, 그동안 필자가 참여했던 4차 산업 혁명 관련 다양한 기관의 포럼과 세미나, 심포지엄 발표물 등이다.

'하늘 아래 새것은 없고 창조는 편집'이라는 말이 있다. 이 책 내용의 상당 부분은 필자가 어디선가 읽거나 듣거나 보았던 내용들이다. 이것들을 필자만의 스타일로 표현하고 새롭게 배치한 결과물이 이 책이다. 독자의 책 읽기 흐름에 부담을 주지 않으려고 출처나 참고 문헌 등은 꼭 필요한 곳에 한하여 맨 뒤에 장별로 간략히 제시하였다.

이 책을 통해서 독자들이 4차 산업 혁명이라는 시대 변화에 대해 조금이라도 더 많은 관심을 가지게 된다면, 그리고 미래 사회에서 학교 교육의 방향에 대해 조금이라도 더 고민하게 된다면 필자로서는 책을 집필한 목적을 충분히 달성한 셈이다. 2045년쯤에는 인공 지능이 인간을 능가하는 특이점의 시대가 온다는 레이 커즈와일Ray Kurzweil의 주장이나 생체 칩의 보편적 활용으로 인간의 생각과 느낌조차도 해킹하는 시대가 올 것이라는 유발 하라리의 주장은 믿지 않더라도 4차 산업 혁명은 이미 우리 삶에 커다란 변화를 가져왔다. 4차 산업 혁명이라는 새로운 시대의 학교 교육에 대해서 우리 모두 관심을 가지고 미래 교육의 방향에 대해 함께 고민할 수 있었으면 좋겠다.

2018. 6. 20.
김재춘

프롤로그

학교라는 알을 깨고 나오기

> 새는 투쟁하여 알에서 나온다. 알은 세계이다.
> 태어나려는 자는 하나의 세계를 깨뜨려야 한다.
> — 헤르만 헤세, 『데미안』 —

 우리는 알 속에 갇혀 있다. 우리는 현재의 학교에 너무나 익숙해져 있다. 그래서 우리는 우리가 알고 있는 학교 이외의 다른 모습의 학교를 상상하기 어렵다. 우리는 학교하면 네모난 교실에서 같은 나이의 친구들과 함께 모여 앉아 있고, 선생님이 그 앞에서 칠판에 무엇인가를 적으며 가르치는 그런 모습을 상상한다. 그러나 현재 우리가 알고 있는 학교 교육은 이전 산업 혁명의 산물이다. 학교 교육이 원래부터 꼭 그런 모습이지는 않았다. 학교 교육이라는 것은 사실 역사의 일정한 시점에서 필요에 의해 태어난 제도이다. 따라서 학교 교육은 역사의 변화에 따라 성장, 쇠퇴, 소멸의 과정을 거친다는 사실을 잊어서는 안 된다. 18세기 후반부에 세계 역사 속에 큰 획을 그으며 시작되었던 산업 혁명은 교육의 역사에도 획기적인 변화를 가져왔다. 현재 우리가 알고 있는 학교의 모습은 산업 혁명이라는 역사적 변화의 산물이며, 따라서 새로운 삶의 환경이 등장하면 우리는 현재 학교 교육의 틀을 완전

Prologue

히 깨고 나와야 할지도 모른다. 이 책은 우리가 마주하는 삶의 환경이 기존의 산업 혁명 시대와는 어떻게 다른지, 그리고 이제까지 한 번도 경험해 보지 못한 새로운 가능성의 세계에서 우리의 교육은 어떠해야 하는지 고민해 보기 위한 책이다. 물론 이 책이 이러한 거대한 변화에 대한 답을 속 시원하게 알려 주는 것은 아니다. 하지만 우리가 왜 고민해야 하는지, 무엇을 고민해야 하는지, 나아갈 방향은 어느 쪽인지 하는 질문들에 대한 몇 가지 중요한 실마리는 제공해 주기를 기대하는 마음으로 이 책을 쓰게 되었다.

　필자가 이 책을 쓰게 된 것은 지난 몇 년간 공직에 몸담으면서 한국 교육은 어디로 가야 하는가에 관한 근원적 질문을 지속적으로 하였기 때문이다. 순간순간 앞에 닥친 일들을 보며 그것에 대응만 하다가는 큰 숲을 보지 못하게 마련이다. 교육에서 정말 중요한 것이 무엇인지, 그리고 무엇을 향해 나아가고 준비해야 하는지 큰 그림을 알아야만 흔들림 없이 한 걸음 한 걸음 나아갈 수 있다. 더욱이 날로 치열해지는 국제 경쟁 속에서 한국의 미래를 생각할 때에 우리 교육의 역할에 대해 다시금 깊이 고민할 수밖에 없었다. 특히, 국책 교육 연구 기관의 장으로 재직하는 동안 국내외의 유수한 석학들을 만나고 4차 산업 혁명 관련 다양한 포럼이나 세미나에 참석하며, 선진적 교육을 실시하는 국가를 방문하거나 사례들을 접하면서 고민이 더욱 깊어졌다. 이 책은 그러한 고민에 대한 필자 나름의 답변이기도 하다. 마치 알 속에 갇혀 있는 것과 같은 현재 우리의 학교 교육에서 벗어나려면 우리는 현재의 교육이 과거의 산업 혁명의 산물임을 먼저 인식해야 한다. 그리고 이제 우리 앞에 도래한 4차 산업 혁명의 특징을 인지하며 이 시대에 알맞은 교육의 모습을 새롭게 그려 보아야 한다.

4차 산업 혁명과 관련된 논의는 매우 다양하지만 그 가운데 한 가지 공통점이 있는데, 그것은 학교 교육의 혁신이 반드시 필요하다는 것이다. 4차 산업 혁명은 기존 학교 교육의 '파괴적 혁신disruptive innovation'을 필요로 한다. '파괴적 혁신'이란 하버드 대학교 경영대학원 교수였던 클레이튼 크리스텐슨Clayton Christensen이 처음 사용한 용어이다. '파괴적 혁신'은 기존의 고급 제품을 계속적으로 개선해 성능을 높이는 '존속적 혁신sustaining innovation'과 대비되는 용어로, 기존 고급 제품의 성능에 미치지는 못하더라도 새로운 시각에서 간단하고 편리하고 저렴한 제품을 도입해 기존 시장을 파괴하고 시장을 창출하는 전략을 의미한다. 이런 맥락에서 '학교 교육의 파괴적 혁신'이란 기존의 학교 교육의 패러다임을 파괴하고 새로운 유형의 학교 교육 패러다임을 도입하려는 혁신 전략이라고 볼 수 있다. 이제까지 한국 교육의 혁신에 대한 논의 대부분이 '존속적 혁신'의 성격을 가지고 있었던 셈이니 '학교 교육의 파괴적 혁신'이라는 새로운 패러다임 속으로 들어가야 한다는 생각 자체가 혁신적인 출발점일 수도 있을 것이다.

이 책은 4차 산업 혁명 시대에 걸맞은 새로운 학교 교육의 패러

Prologue

다임을 제시해 보려는 시도이다. 이 책은 크게 4부로 구성되어 있다. 1부는 4차 산업 혁명의 전반적 특징을 설명한다. 2부는 4차 산업 혁명 시대에 필요한 교육을 바라보는 새로운 관점들을 소개한다. 이것은 학교 교육에 대한 기존의 관념을 완전히 뒤엎는다. 3부는 정말 그러한 교육이 가능하다는 것을 보여 주는 학교 사례를 소개한다. 초·중등학교부터 대학에 이르기까지 다양한 사례를 통해 혁명에 버금가는 새로운 교육의 패러다임이 등장하고 있음을 목격할 수 있을 것이다. 4부는 학교 교육의 혁신 방향에 대해 논의한다. 현재 우리나라 교육의 문제를 곧바로 해결할 수 있는 구체적인 정책 방안을 제시하기보다는 4차 산업 혁명의 시대에 적합한 학교 교육은 어떤 방향으로 나아가야 하는지에 대한 큰 그림을 보여 준다. 학교는 이제 더 이상 우리가 알고 있던 그 학교가 아니라는 것, 완전히 다른 학교가 필요하다는 것을 보게 될 것이다.

1부 4차 산업 혁명 시대, 새로운 교육을 부른다

> 미래는 이미 와 있다. 단지 고르게 퍼져있지 않을 뿐이다.
> The future is already here. It's just not very evenly distributed.
> - William Gibson -

　4차 산업 혁명은 미래에 일어날 혁명이라기보다는 현재 이미 일어나고 있는 혁명이다. 4차 산업 혁명 시대는 우리 가까이에 와 있다. 다만 아직은 널리 고르게 퍼져 있지 않기 때문에 실감하지 못할 수도 있다. 그렇다면 4차 산업 혁명은 무엇이며, 어떤 특징을 지니는가? 우리가 경험하는 현실의 어느 부분이 4차 산업 혁명의 징후인가? 1부에서는 우리 곁에 다가온 4차 산업 혁명의 주요 특징들을 살펴보고자 한다. 먼저 4차 산업 혁명이 인류 역사상 경험하지 못했던 거대한 변화라는 점을 살펴보며 그 핵심인 '디지털 기술'의 특징을 살펴볼 것이다. 그리고 디지털 기술이 적용된 4차 산업 혁명의 공장 사례를 보며 그것이 일자리 문제에 끼치는 영향을 분석해 볼 것이다. 그리고 이와 함께 교육 현장에 적용된 4차 산업 혁명의 사례도 살펴볼 것이다. 멀게 느껴질지 모르지만 이미 우리 곁에 성큼 다가와 우리를 둘러싸고 있는 4차 산업 혁명이 교육에까지 이르는 모습을 한눈에 볼 수 있을 것이다.

1. 인류 역사상 경험하지 못했던 거대한 변화: 4차 산업 혁명

우리는 매일 새로운 기술의 소식을 접한다. 자율 주행차, 무인 매장, 인공 지능 등 새로운 기술들이 곧 상용화된다는 이야기를 듣는다. 드론, 디지털 비서, 로봇 어드바이저 등 어제 놀라웠던 소식은 오늘이 되면 더 이상 뉴스거리가 되지 않고, 오늘의 신기술은 내일이 되면 더 새로운 기술 발전 소식으로 덮어진다. 우리는 이미 이전과는 다른 시대에 접어들었고 변화의 속도는 점점 더 빨라지고 있으며, 앞으로는 점점 더 넓은 영역에서 더욱 빠르게 이런 변화를 경험하게 될 것이다.

이러한 빠른 변화는 어떻게 가능해졌을까? 여러 가지 이유가 있겠지만 아마도 중요한 요인으로 디지털화, 빅 데이터, 인공 지능을 들 수 있을 것이다. 사물 인터넷 또는 만물 인터넷 등의 디지털화를 통해 현실 세계에서 다양한 빅 데이터가 생산되고 있으며, 이런 빅 데이터는 가상 세계에 저장, 분석된 후에 그 분석 결과가 현실에 적용되면서 우리 삶의 환경을 근본적으로 변화시키고 있다. 이렇게 디지털화된 빅 데이터의 생산, 저장, 분석, 활용을 극대화하는 메커니즘이 바로 인공 지능이다. 예전에는 이처럼 많은 데이터를 수집하기가 어려웠을 뿐만 아니라 많은 데이터를 수

집했다고 하더라도 이를 분석하려면 많은 비용이 들고 오랜 시간이 걸렸다. 그래서 비용 효율성이라는 경제성 측면에서뿐만 아니라 즉시성 측면에서도 제약이 많았다. 그러나 인공 지능의 활용으로 경제성과 즉시성이 동시에 확보됨에 따라 빅 데이터는 평범한 개인 한 명, 한 명의 삶에 구체적으로 간섭할 수 있게 되었다. 이미 많이 알려진 다음의 에피소드는 빅 데이터가 우리 삶에 얼마나 깊숙이 들어와 있는지를 잘 보여 준다. 미국의 한 대형 마켓은 여고생 고객에게 임산부에게 필요한 물품과 출산용품 관련 상품 전단지를 할인권과 함께 우송했다. 가족은 여고생에게 부적절한 상품 목록을 보냈다고 대형 마켓에 항의했다. 그런데 알고 보니 해당 여고생은 실제로 임신한 상황이었다. 가족조차도 알지 못한 여고생의 임신 가능성을 대형 마켓은 어떻게 알았을까? 대형 마켓은 여고생의 이전 물품 구매 목록을 보고 임신 가능성을 추정했던 것이다. 빅 데이터는 인공 지능에게 엄청난 정보를 제공하고 인공 지능은 이러한 정보를 재조직화하면서 새로운 단계로 진화한다.

 인공 지능은 오늘날 인간이 입력해 준 정보나 지식을 단순히 기억하고 반복하는 정도를 넘어서 '스스로 학습하는 존재deep-learning machine'로 진화하였다. 인공 지능 개념은 1956년에 처음 도입되었지만 그동안 주목할 만한 성과가 없어 오랫동안 사람들의 관심을 끌지 못했다. 그러던 중 2011년에 IBM 왓슨이 인간 퀴즈 왕을 이기고, 2016년에는 Google 알파고AlphaGo가 인간 바둑 왕을 이기는 성과를 내면서 상황은 달라졌다. 인공 지능에 주목해 보니 인공 지능은 이미 우리 삶의 다양한 부분에 깊숙이 들어와 있었던 것이다.

사물과 만물의 디지털화, 빅 데이터와 인공 지능 등의 발전이 경제와 산업뿐만 아니라 사회, 문화, 교육 등 우리 삶의 여러 영역에 어느 정도의 변화를 가져올지 그 넓이와 깊이를 상상하기는 쉽지 않다. 여기서 분명한 한 가지 사실은 농경 시대의 토지, 그리고 산업 혁명 시대의 기계·자본이 수행했던 역할을 이제는 데이터가 수행하는 방향으로 변화가 일어나고 있으며, 조만간 우리 삶의 모든 영역에 심대한 영향을 미치리라는 점이다. 이런 변화를 일컬어 4차 산업 혁명이라고 부른다. 디지털화, 빅 데이터, 인공 지능 등으로 인한 이런 변화를 4차 산업 혁명이라고 부르든 아니면 다른 이름으로 부르든 그것은 중요하지 않다. 4차 산업 혁명이라는 명칭이 적절한가에 대해서는 논란이 있을 수 있겠지만 중요한 것은 명칭이 아니다. 정말 중요한 것은 커다란 변화, 즉 인류 역사상 한 번도 경험한 적이 없는 중요한 변화가 우리 주변에서 이미 일어나고 있다는 사실이다. 그리고 우리는 이런 변화를 이해하고 예측하며 대비해야 한다는 점이다. 기존의 사고방식과는 완전히 다른 관점을 가져야 할 때가 온 것이다.

'4차 산업 혁명'이라는 명칭을 위한 변명

4차 산업 혁명이라는 용어에서 '4차'라는 말에 대해서는 여러 논의가 있다. 가령 예전의 산업 혁명이 1차 산업 혁명이었다면 이번은 2차 산업 혁명이라는 용어가 더 적절하다는 주장도 있고, 이전의 1, 2, 3차 산업 혁명은 이해도 되고 수용 가능한데 4차 산업 혁명이라는 말은 적절하지 않다는 주장도 있으며, 4차 산업 혁명은 한국에서만 사용하는 해괴한 용어라는 주장 등이 있다. 그렇다면 4차 산업 혁명이라는 말을 사용하는 사람들은 1, 2, 3차 산업 혁명과 4차 산업 혁명을 어떻게 구분하는가? 주지하다시피 4차 산업 혁명이라는 말은 2016년 다보스 세계 경제 포럼World Economic Forum: WEF에서 처음 사용하였다. 그리고 클라우스 슈밥Klaus Schwab의 『4차 산업 혁명The Fourth Industrial Revolution』이라는 책도 이 용어를 널리 알리는 데 기여하였다. 혹자는 4차 산업 혁명이라는 말은 한국에서만 사용된다고 주장하지만 이는 사실과 다르다. 필자의 경험에 의하면 UNESCO 국제교육국IBE이나 OECD 교육부문CERI 관련 회의에서도 4차 산업 혁명이라는 말을 종종 사용하고 있다. 유튜브Youtube에서도 '4차 산업 혁명'이라는 용어를 영어로 검색하면 세계 각국의 4차 산업 혁명 관련 수많은 동영상을 쉽게 찾아볼 수 있다. 4차 산업 혁명 시대를 대비하고자 각 나라마다 정책을 수립하면서 별도의 명칭을 사용하기도 한다. 예컨대 미국은 '스마트 아메리카'Smart America'라는 용어를, 독일은 '산업 4.0Industrie 4.0', 중국은 '중국 제조 2025', 일본은 '일본 재흥 전략' 등의 용어를 사용하고 있다. 나라마다 4차 산업 혁명이라는 커다란 변화에 대응하기 위한 정책이나 전략을 만들어 고유한 명칭을 붙이고 있는 것이지 4차 산업 혁명이라는 용어 자체를 사용하지 않는 것은 아니다. 물론 4차 산업 혁명이라는 말을 한국에서처럼 대중 매체나 일반인이 많이 사용하지는 않는다.

2. 4차 산업 혁명의 핵심: 디지털 기술

4차 산업 혁명 시대를 사는 우리는 두 세계에 걸쳐 살고 있다. 한편으로는 현실 세계에 몸담고 살며, 다른 한편으로는 가상 세계에서 산다. 인간의 생물학적 조건을 고려하면 '먹고 싸고 자는' 현실 세계에서 발을 빼고 가상 세계에서만 산다는 것은 불가능하다. 그렇다고 가상 세계에서 발을 빼고 현실 세계에서만 사는 것도 쉽지 않다. 왜냐하면 이미 가상 세계에서 절연되어 사는 것이 불가능한 시대가 되었기 때문이다. 특히 스마트폰의 등장은 인류의 삶을 근본적으로 바꾸어 놓았다. 스마트폰은 전화하고 사진 찍고 음악과 영화를 감상하며 쇼핑하고 결제할 뿐만 아니라, SNS를 통해 모르는 사람들과도 소통하는 도구가 되었다. 세계이동통신사업자협회GSMA의 글로벌 스마트폰 이용자 추이 자료에 따르면, 2011년에 7억 4,600만 명이었던 스마트폰 사용 인구가 2015년에는 32억 5,800만 명으로 늘었고, 2017년에는 44억 2,800만 명으로 늘어났다. 2018년에는 스마트폰 사용 인구가 58억 800만 명으로 예측될 정도로 빠른 속도로 널리 보급되고 있다. 이제 많은 사람이 잠깐이라도 스마트폰이 없으면 불안감을 느끼며, 스마트폰이 없는 삶을 상상할 수 없을 정도가 되었다. 그 결과 '스마트폰을 일상적으로 사용하는 인류'라는 의미의 '포노사피엔스phono sapiens'라는 말도 등장했다.

  4차 산업 혁명의 시대에 들어서면서 우리 삶에서 가상 세계의 영역은 기하급수적인 속도로 확대되고 있다. 자율 주행차와 알파고의 등장이 이를 잘 보여 준다. 자율 주행차가 가능하려면 2가지 조건이 충족되어야 한다. 첫째, 엄청난 규모의 시각 데이터를 처리할 수 있어야 하며, 둘째, 이 데이터를 즉각적으로 매우 빠른 속도로 처리할 수 있어야 한다. 이런 연유로 예전에는 자율 주행차 개발을 시도하기 어려웠다. 그러나 최근 컴퓨팅 기술의 발달로 엄청난 규모의 시각 데이터를 즉시적으로 처리하는 것이 가능해지면서 자동차는 이제는 기계 산업이라기보다는 디지털 산업이 되었다. 구글이 자동차 산업에 관심을 가지게 된 것도 이러한 자동차 산업의 특징 변화 때문이다. 이세돌을 격파시킨 알파고 역시 우리에게 커다란 충격으로 다가왔다. 알파고는 온라인상, 즉 가상 세계에 축적되어 있는 바둑 기보를 활용하여 '스스로 학습하는 기계'였다. 한 단계 더 업그레이드된 알파고 제로(AlphaGo Zero)는 바둑 기보 없이 바둑의 원리만을 가지고 바둑을 스스로 학습하는 수준에까지 이르렀다. 알파고 제로는 바둑을 전혀 모르는 상태에서 독학으로 바둑을 익힌 지 40일 만에 알파고와의 대결에서 100전 100승을 거두었다. 알파고만으로도 놀라웠는데 그 놀라움이 채 가시기도 전에 새로운 인공 지능 알파고 제로는 알파고를 완벽하게 제압한 것이다. 자율 주행차와 알파고 두 사례는 디지털화가 어디까지 진행되었는지, 그리고 얼마나 빠르게 발전하고 있는지를 상징적으로 보여 준다. 예전에는 너무 많은 양의 정보 수집과 처리가 필요해서 디지털화가 어려웠던 분야(자율 주행차)까지 이제는 디지털화가 가능해졌고, 많은 디지털 데이터를 기계(알파고)가 스스로 활용하여 학습하는 것이 가능해졌음을 보여 주는 것이다.

가상 세계에는 현실 세계와는 다른 법칙이 존재한다. 가상 세계에서는 인간 역시 가상 세계의 법칙을 따라야 한다. 예컨대 현실 세계의 기업과 가상 세계의 기업은 전혀 다른 경제와 산업 논리를 지닌다. 더 나아가 우리 삶에서 가상 세계의 중요성이 점점 더 커지면서 경제나 산업에서조차 '옛 규범Old Normal'을 '새 규범New Normal'으로 대체해야 하는 상황도 종종 발생한다. 옛 규범에 집착하면서 새 규범에 적응하지 못하는 기업은 플랫폼 경제 체제에서 살아남기 어려운 시대가 되고 있다.

그렇다면 우리 삶에서 점점 더 그 영역을 넓혀 가는 가상 세계를 지배하는 기술, 즉 디지털 기술은 어떤 특징을 지니고 있는가? 첫째, 디지털 기술은 '재생산의 한계 비용 제로'라는 특징을 지닌다. 2차 산업 혁명으로 대량 생산이 가능해졌고, 그래서 같은 조건이라면 우리는 대량 생산을 선호해 왔다. 왜냐하면 규모의 경제가 작동하면서 상품 단위당 가격이 낮아지기 때문이다. 동일한 상품을 100개 생산할 때보다 10,000개 생산할 때 상품의 생산 단가는 더 낮아진다. 그러나 상품을 추가로 재생산할 경우, 상품의 단가가 낮아진다고는 하지만 공짜로 재생산할 수 있는 것은 아니다. 재생산에도 재료비, 인건비 등 여전히 비용이 들기 마련이다. 그러나 디지털 기술의 경우에는 상황이 전혀 다르다. 재생산, 즉 추가 생산 비용은 거의 들지 않는다. 재생산의 한계 비용이 제로에 가깝다. 예를 들어 현실 세계에서 사용하는 '독감 백신'과 가상 세계에서 사용하는 '컴퓨터 백신'

의 경우를 비교해 보자. 독감 백신의 경우 추가 생산을 하면 각 상품당 재료비 등 추가 비용이 들어갈 수밖에 없다. 그러나 컴퓨터 백신의 경우 한 번 개발된 백신은 100명이 사용하든 10,000명이 사용하든 재생산을 위한 추가 비용이 거의 들어가지 않는다. 디지털 기술은 다수가 동시에 사용하는 것이 가능한 '비경쟁성'이라는 특징을 지니고 있기 때문이다. 따라서 디지털 기술은 현실 세계에서의 상품 생산과는 다르게 '재생산의 한계 비용 제로'라는 특징을 지닌다.

둘째, 디지털 기술은 '기하급수적 발전'이라는 특징을 지닌다. 디지털 기술은 선형적으로linearly 발전하기보다는 기하급수적 또는 지수적으로exponentially 발전한다. 컴퓨터의 저장 용량이나 처리 속도 등은 일정 기간마다 두 배씩 성장한다. 인텔의 공동 설립자 중 한 명인 고든 무어Gordon Moore에 따르면, 어떤 기준으로 판단하든 컴퓨터의 성능은 18개월마다 항상 두 배로 높아진다. 무어의 기하급수적 성장 법칙은 그간 컴퓨터 발전 과정에 견주어 보면 틀렸다고 보기 어렵다. 일반 산업은 점진적인, 즉 산술적인 속도로 발전하는데 비하여 디지털 산업은 기하급수적인, 즉 지수적인 속도로 변화한다. 여기서 지수적 변화의 중요한 특징 중의 하나는 워낙 빠른 속도로 변하기 때문에 불연속적인 기술 변화 없이도 어느 순간 불연속적인 변화, 즉 질적 변화를 촉발할 가능성이 있다는 점이다.

지수적 성장이 얼마나 빠르고 급격한 변화를 의미하는지 실감하기 위하여 하나의 예를 들어 보자. 한 달간 일하기로 계약한 아르바이트생에게 주인이 다음과 같이 제안했다고 가정해 보자. 일당을 하루 10만 원씩 동일하게 받을 것인가, 아니면 첫날은 2원, 둘째 날은 4원, 셋째 날은 8원, 넷째 날은 16원 하는 식으로 한 달간 2의 지수적으로, 즉 2^n으로 증가하는 일당을 받을 것인가? 독자 여러분이 아르바이트생이라면 어느 쪽을 선택할 것인가? 일당 10만 원씩 받을 경우, 한 달 동안 31일 일한다면 310만 원을 받게 될 것이다. 그러나 첫날 2^1인 2원부터 시작하여 2^n으로 일당을 받기로 한다면 23일째에는 2^{23}으로 4백만 원을 넘게 받을 것이고, 마지막 날인 31일째에는 2^{31}으로 20억 원 이상의 일당을 받게 될 것이다(2^{23}은 4,194,304이고, 2^{31}은 2,147,483,648이다. 지수적으로 아르바이트 수당을 받을 경우, $2^1 + 2^2 + 2^3 + 2^4 + \cdots + 2^{31}$을 받을 것이다.). 지수적인 성장은 첫날은 2원, 둘째 날은 4원, 셋째 날은 8원, 넷째 날은 16원, 다섯째 날은 32원처럼 처음에는 매우 더디게 증가하는 것처럼 보이지만 20일째부터 일당이 100만 원을 넘게 되고, 31일째에는 일당이 20억 원을 넘게 된다.

위의 예시에서 우리는 지수적 성장의 위력을 실감할 수 있다. 이런 맥락에서 우리는 디지털 기술이 지수적인 속도로 발전한다는 말이 가지는 의미를 되새겨 볼 필요가 있다. 디지털 기술의 지수적 발전은 앞의 예시에서 알 수 있듯이 우리의 상상력을 초월하는 변화를 가져올 것이다. 이제까지 우리가 경험해 온 변화와는 비교도 안 될 정도의 급격한 변화가 우리 앞에 몰려오고 있다.

3. 4차 산업 혁명의 공장 사례: 스피드 팩토리와 스토어 팩토리

스피드 팩토리Speed Factory는 '산업 4.0Industry 4.0' 시대를 추구해 온 독일 4차 산업 혁명의 대표적인 사례이다. 신발로 유명한 독일 기업 아디다스는 2017년에 독일 안스바흐Ansbach에 제1스피드 팩토리를, 미국 애틀랜타Atlanta에 제2스피드 팩토리를 세웠다. 스피드 팩토리는 아디다스 기업이 독일 정부와 아헨공과대학교가 3년 이상 협력하여 일군 성과이다.

신발 산업은 잘 알다시피 오랫동안 노동 집약 산업이었다. 따라서 선진국의 신발 공장은 인건비가 낮은 개발 도상국이나 저개발국으로 이전했었다. 독일의 아디다스도 1993년에 독일 공장의 문을 닫고 인도네시아, 베트남 등 저임금 국가로 이전했다. 이런 아디다스가 제1스피드 팩토리를 설립하여 23년 만에 다시 본국인 독일로 공장을 복귀시켰고, 제2스피드 팩토리도 개발 도상국이나 저개발국이 아닌 미국에 설립했다는 것은 시사하는 바가 크다. 이제 신발 산업은 더 이상 노동 집약 산업이 아니라는 말이다. 신발 산업은 이제 인간의 노동이 아니라 인공 지능 로봇의 노동에 의해 작동하는 산업이 된 것이다.

제1스피드 팩토리인 독일 안스바흐 공장을 잠깐 살펴보자. 인공 지능으로 무장된 지능화된 로봇이 주문서에 적힌 요구대로 운동화를 만든다. 신발 50만 켤레를 생산하려면 기존 공장에서는

600명의 생산 현장 직원이 필요했던 것에 비하여 인공 지능 로봇을 도입한 안스바흐 스피드 팩토리에서는 단 10명의 현장 직원이면 충분했다. 그것도 스피드 팩토리 초기 단계에서 필요한 인력이고, 공장이 안정적으로 안착되면 현장 인력 10명조차도 필요가 없어진다. 기존 공장에서는 주문에서 생산, 배송까지 6주가 걸렸지만 스피드 팩토리에서는 5시간이면 된다. 또 기존 공장 체제에서는 새로운 디자인의 운동화가 개발되어 매장에 진열되기까지 통상 1년 6개월이 걸렸는데 스피드 팩토리에서는 단 10일이면 가능하다. 진정으로 '스피드' 팩토리인 셈이다.

그러나 스피드 팩토리에서 가장 중요한 특징은 '스피드'가 아니다. 이 공장의 핵심은 각 지역이나 개인에게 최적화된 제품을 즉각 제작하여 공급할 수 있다는 점이다. 즉, 지역 또는 개인 맞춤형 신발을 제작하기 때문에 개인 만족도를 높일 수 있을 뿐만 아니라 재고도 획기적으로 줄일 수 있다. 2017년 10월에 아디다스가 발표한 'AM4Adidas Made Four 프로젝트'는 도시별 소비자의 필요를 반영한 신발 생산 프로젝트이다. 예컨대 주로 걸어서 출퇴근하는 런던 소비자들을 위해서는 어두운 밤이나 비 오는 날 눈에 잘 띄는 신발을 생산하고, 공사장이 많으며 골목이 각진 뉴욕 소비자들을 위해서는 90도로 각진 골목도 미끄러지지 않고 잘 돌 수 있는 신발을 생산하며, 덥고 바닷가에 위치한 로스앤젤레스 소비자나 실내에서 운동하는 사람이 많은 상하이 소비자들을 위해서는 각각

그들의 수요에 맞는 운동화를 생산하여 제공한다. 더 나아가 소비자 개인은 신발의 크기나 너비는 말할 것도 없고 신발 끈, 깔창, 뒷굽, 천, 가죽, 색깔, 무늬 등 많은 부분에서 여러 옵션 중 자신이 원하는 것을 선택하여 주문할 수 있다. 스피드 팩토리의 등장으로 이제 누구나 자신만의 개성을 살린 개인 맞춤형 운동화를 주문하여 신을 수 있게 되었다.

 사실 독일 스포츠웨어 기업인 아디다스는 스피드 팩토리만이 아니라 스토어 팩토리Store Factory도 시범적으로 운영하고 있다. 베를린의 한 쇼핑몰에 위치한 스토어 팩토리에서는 현장에서 주문한 울 스웨터를 즉석에서 만들어 판매한다. 고객이 가게에 들어와 쇼룸에 들어가면 기계가 고객의 체형을 스캔한다. 그런 다음 고객은 매장 직원과 디자인에 대해 이야기한다. 그리고 몇 시간 내에 유리 벽으로 둘러싸인 매장의 미니어처 공장에서 250달러짜리 스웨터가 만들어진다. 이 극소 규모 매장 공장에서는 하루 10벌 정도의 옷을 만들어 낼 수 있다. 스토어 팩토리는 현재로서는 이윤을 남기기 위한 매장형 공장이라기보다는 디지털 디자인, 지역화되고 자동화된 제품 생산, 개인 맞춤형 상품 생산에 대한 소비자의 관심을 불러일으키기 위한 일종의 시범 매장이다. 아디다스의 스피드 팩토리나 스토어 팩토리는 4차 산업 혁명 시대의 공장이 한때 우리 삶을 크게 변화시켰던 1, 2차 산업 혁명 시대의 대량 생산 공장과 얼마나 다른지를 여실히 보여 준다. 더 나아가 4차 산업 혁명 시대에 인간이 할 일은 과연 남아 있을 수 있는가 하는 두려움도 안겨 준다.

4. 4차 산업 혁명의 결과: 일자리의 종말?

4차 산업 혁명이 진전되면 일자리가 대폭 줄어들 것이라는 전망이 있다. 인공 지능 로봇이 많은 부문에서 인간을 대체할 것이기 때문에 4차 산업 혁명 시대가 '4차 실업 시대'가 될 것이라는 우려도 있다. 그러나 다른 한편에서는 4차 산업 혁명으로 새로운 일자리가 많이 생겨날 것이므로 일자리 감소를 걱정할 필요가 없다는 주장도 있다.

4차 산업 혁명 시대의 일자리와 관련된 예측들을 살펴보자. 미국 노동부(2011)는 2018년 현재 중학교 1학년 학생들의 65%는 지금은 없는 새로운 직업을 가질 것이라고 예측하였고, 다보스 세계 경제 포럼(2016)은 서방 15개국에서 5년간 일자리 200만 개가 신규로 창출되는 반면에 710만 개가 감소할 것이라고 예측하였다. 프레이와 오스본(2013)은 미국에 존재하는 직업의 47%가 향후 20년 안에 컴퓨터 알고리즘에 의해 대체될 확률이 많다고 예측하였다. 예컨대 텔레 마케터, 보험업자, 스포츠 심판, 계산원, 요리사는 대체될 확률이 95%가 넘으며, 웨이터, 물리 치료사, 관광 가이드도 대체될 확률이 90%가 넘는 것으로 예측했다. 맥킨지 보고서(2017)는 48개국의 활동activity을 분석한 후 완전 대체 가능한 직업은 5% 미만이고, 과업의 30% 이상 대체 가능한 직업은 약 60%라고 예측하였다. 테슬라 모터스의 최고 경영자인 일론 머스크(2017)는 미래 사회에서는 인공 지능이 상용화되어 인구의 20%만이 의미 있는 직업을 가지게 될 것이라고 말했다. 사용하는 개념들은 조금씩 서로 다르지만, 이러한 연구들은 현재의 많은 일자리가 사라질 것이라고 예측한다는 점에서는 일치한다.

  4차 산업 혁명과 관련된 일자리 문제를 논할 때에는 다음과 같은 몇 가지 사항에 유념할 필요가 있다. 첫째, 직업job과 업무task를 구분할 필요가 있다. 직업은 (스스로 또는 타인에게) 고용되어 일을 하고 그 대가로 월급을 받는 문자 그대로 직업을 말한다. 업무란 직업을 가진 사람이 해야 하는 일의 내용으로 직무 내용을 뜻한다. 미래 사회와 관련하여 직업 자체가 인공 지능에 의해 대체되면서 사라지는 경우도 있겠지만 그 수는 소수에 불과할 것이다. 반면에 각 직업에 종사하는 사람들이 해야 할 일, 즉 직무 내용 중 많은 부문은 자동화되거나 인공 지능에 의해 대체될 것이다. 이렇게 되면 현재 직업을 가진 사람이 해야 할 일이 줄어들 것이다. 예컨대 특정 사무 직원이 이전에는 하루 8시간에 걸쳐 해야 하는 일이 미래에는 인공 지능의 도움으로 4시간 만에 할 수 있게 된다. 이럴 경우에 과거에 두 사람이 하던 일을 미래에는 한 사람이 할 수 있게 될 것이다. 하루 근무 시간을 대폭 줄이지 않는 이상 많은 사람이 일자리를 잃게 될 가능성이 있다.

둘째, 사라지는 일자리와 새로 생기는 일자리를 비교할 필요가 있다. 사라지는 것이 있으면 생기는 것이 있게 마련이다. 4차 산업 혁명으로 자동화와 지능화가 진전됨에 따라 많은 일자리가 사라지겠지만, 그만큼 많은 새로운 일자리가 생길 수도 있다. 미래 사회에서 사라질 일자리와 새로 만들어질 일자리의 수를 비교하는 것은 현재로서는 불가능하다. 일단 사라질 일자리만큼 새로운 일자리가 생긴다고 가정해 보자. 여기서 중요한 것은 전체 일자리 수는 동일하다 할지라도 옛 일자리가 사라지고 새 일자리가 생긴다는 사실이다. 일자리를 잃은 사람들이 새 일자리에 적응하도록 재교육해야 하는 문제가 생긴다. 따라서 일정한 주기로 재교육을 받는 것이 필수적인 사회가 될 것이다. 더 나아가 미래 사회에서 발전이나 변화는 지수적인 속도로 이루어질 것이므로 누군가 새로운 직무를 먼저 습득한 후 다른 사람에게 재교육하는 것이 쉽지 않을 수도 있다. 그래서 모든 사람이 언제든지 새로운 것을 학습할 수 있는 평생 학습 역량을 갖추는 것이 지금보다 더 중요할 것이다. 요컨대 미래 사회에서는 일자리의 생성과 소멸의 주기가 점점 더 짧아질 것이기 때문에 실직한 사람들이 새로운 직업에 빨리 적응할 수 있도록 재교육을 받거나 스스로 학습할 수 있는 교육·훈련 시스템의 구축이 매우 중요하다.

4차 산업 혁명 시대의 일자리 문제에 대해서는 비관론과 낙관론이 병존한다. 비관론자들은 '이번에는 다르다.'는 입장을 취하면서 새로운 일자리보다 사라지는 일자리가 훨씬 더 많으리라고 본다. 낙관론자들은 인간의 욕망은 끝이 없으므로 이전의 산업 혁명에서 그랬듯이 새로운 일자리가 많이 생겨날 것이기 때문에 일자리 부족 문제는 결코 발생하지 않으리라고 본다. 필자는 미래 사회의 일자리 문제와 관련하여 2가지를 언급하고자 한다.

첫째, 새로 생기는 일자리도 많을 수 있겠지만 사라지는 일자리가 더 많을 것이라고 본다. 사실 이전의 산업 혁명에서도 이러한 경향은 두드려졌다. 산업 혁명을 거듭하면서 인간이 감당해야 하는 일의 절대적인 양이 줄어들었기 때문에 1인당 노동 시간은 지속적으로 감축되어 왔다. 1, 2차 산업 혁명 시대에는 하루 15시간을 넘게 일했던 근로자들이 오늘날은 하루 8시간 남짓 일한다. 그만큼 1일 노동 시간이 단축되어 왔다. 과거에 주 7일 일하던 근로자들이 이제는 주 5일 근무하며, 주 4일 근무제에 대한 얘기도 종종 나온다. 마찬가지로 4차 산업 혁명 시대에도 생겨나는 일자리보다는 사라지는 일자리가 더 많을 것이므로 1인당 노동 시간을 줄이려는 노력은 필수적일 것이다.

둘째, 미래 사회에서 일자리 문제의 심각성은 단순히 일자리 수의 증감 문제라기보다는 의미 있는 일자리 수의 증감 문제에 있다. 왜냐하면 미래 사회에서는 의미 있는 일자리는 현재보다 현격하게 줄어들고, 상대적으로 의미가 적은 일자리가 많아지면서 일론 머스크가 말한 새로운 '20 대 80의 사회'가 도래할 가능성도 있기 때문이다. '20 대 80의 사회'란 일자리 중 20% 정도만이 의미 있는 일자리이고, 나머지 80%는 의미를 느끼기가 쉽지 않는 일자리를 지닌 사회를 뜻한다. 이러한 미래 사회에서는 무엇보다도 초양극화 현상이 두드러질 것이다. 일자리가 아예 없거나 낮은 임금을 받고 일하는 사람들이 점점 많아질 가능성이 있다. 『호모 데우스: 미래의 역사』를 쓴 유발 하라리는 1, 2차 산업 혁명의 결과로 프롤레타리아 계급이 만들어졌듯이 4차 산업 혁명의 결과로 '쓸모없는 인간 계급'이 만들어질 것이라고 본다. 이런 맥락에서 국가가 누구에게나 일정한 소득을 제공하는 '보편적 기본 소득Universal Basic Income: UBI' 제도와 관련된 논의가 많은 사람의 주목을 받기도 한다.

5. 교육 현장에 적용된 4차 산업 혁명의 사례: 인공 지능 조교 '질 왓슨'

4차 산업 혁명의 주요 특징 중의 하나는 인공 지능의 출현이다. 특히, 딥 러닝deep learning, 즉 스스로 학습하는 인공 지능의 출현으로 인간의 통제를 넘어설 수 있다는 가능성까지 생각하는 단계에 이르렀다. 인공 지능 기술은 4차 산업 혁명 시대의 변곡점으로 종종 언급되는 2007년 이후로 비약적인 발전을 거듭하고 있다. 의

학 분야의 '아이비엠 왓슨IBM Watson', 회계 분야의 '스타트업 켄죠 Startup Kensho', 법률 분야의 '로이어 로스Lawyer Ross', 수학 교육 분야의 '포토 매쓰Photo Math'나 '울프램 알파Wolfram Alpha', 음악 분야의 '이엠아이EMI' 등 인공 지능이 출현한 분야는 헤아릴 수 없이 많다.

여기에서는 교육과 관련하여 인공 지능을 활용한 질 왓슨Jill Watson의 사례를 살펴보고자 한다. 조지아 텍Georgia Tech으로 알려진 조지아공과대학교Georgia Institute of Technology에서 운영하는 사이버 대학원 석사 과정에서는 인공 지능 질이 조교 역할을 수행하고 있다. 미국의 우수 공과대학교 중의 하나인 조지아 텍은 2014년 1월에 무크MOOC를 운영하는 유다시티Udacity, 전화 통신 회사인 AT&T와 협력하여 무크 형태의 교육 프로그램을 운영하는 컴퓨터 공학 석사 과정을 미국 최초로 개설하였다. 조지아 텍의 온라인 석사 과정은 미국 명문 대학에서 최소한의 비용(2017년 기준 7,000달러)으로 석사 학위를 받을 수 있다는 점에서 획기적인 시도였는데, 이것은 개설한 지 2년 만에 8,000명이 지원하고 3,000명이 등록하는 성과를 냈으며, 4년차인 2017년 가을 학기에는 세계 109개국에서 17,000명이 지원했고 5,866명이 등록하는 성과를 거두었다.

지금 살펴보려는 질 왓슨이라는 인공 지능 조교는 '인공 지능'이라는 온라인 강좌에서 9명의 인간 조교와 함께 강의 조교Teaching Assistant: TA 역할을 수행하였다. 질 왓슨이 조교로 등장하게 된 것은 인공 지능이라는 과목의 선풍적인 인기 때문이었다. 2014년 온라인 대학원 컴퓨터 공학 석사 과정으로 '인공 지능' 과목을 운영하자 이 과목에 수강 신청한 학생 수가 약 350명에 이르렀다. 그리고 학생들은 강좌를 수강하면서 많은 질문을 제기하였다. 이 강좌에서 한 학기 동안 제기된 질문은 평균 10,000개에 이르렀다. 이는 하루에 100개 정도의 질문을 100일 동안, 즉 한 학기 동안 매일 한다는 것을 의미한다. 이처럼 많은 질문은 풀타임 직원을 한 명 더 고용해도 제대로 감당하기 어려운 분량이었다.

이 문제를 해결하기 위해 고일Ashok Goel 교수는 2015년에 인공 지능 조교를 개발하기로 결심했다. 인공 지능이라는 강좌에서 인공 지능 조교를 활용하는 것은 이론과 실제의 결합이라는 측면에서도 좋겠다는 판단이 작용했다. 고일 교수는 아이비엠 왓슨의 도움을 받아 인공 지능 질 왓슨을 훈련시키기 시작했다. 이전 학기 강좌에서 제기된 수많은 질문을 범주별로 분류한 다음, 인공 지능이 질문과 대답으로 짝지어진 수많은 문항을 학습하도록 훈련시켰다. 2015년 인공 지능 강좌에 처음 배치된 인공 지능 질은 일부 문항에는 잘 대응했으나 다른 일부 문항에서는 엉뚱한 실수를 많이 했다. 그래서 질문과 대답으로 짝지어진 문항을 재분류하여 학습하게 하는 것 외에도 질이 학생들과 상호 작용하는 맥락과 구조 등을 이해할 수 있도록 훈련시켰다. 그리고 '미러 포럼mirror forum'을 설치하여 인공 지능 조교 질이 '실제 포럼actual forum'에서 학생들에게 답을 보여 주기 전에 먼저 미러 포럼에 제시하도록 하고, 인간 조교가 질의 답이 적절한지 검토하여 적절하지 못할 경우 수정해서 학습하도록 훈련시켰다. 이런 과정을 거쳐 인공 지능 조교 질의 정답률이 97% 이상에 이르렀다. 2016년 강좌에 투입된 인공 지능 조교 질은 조교 역할을 잘 수행하였다. 인공 지능 질은 식사를 하거나 휴식을 취할 필요조차 없었기 때문에 24시간 내내 학생들의 질문에 응답할 수 있었다. 사실 지나치게 빠른 응답으로 질이 인공 지능이라는 것을 학생들이 눈치챌 수 있어서 고일 교수는 질이 약간 시간을 끈 다음에 응답하도록 프로그램화하였다.

성능이 개선된 인공 지능 조교 질은 조교 업무를 성공적으로 수행하였다. 학기 말에 고일 교수가 조교 질이 인간이 아니라 인공 지능이라고 밝혔을 때에 수강생들은 적잖은 충격을 받았다. 학생들은 인공 지능 조교 질의 도움을 받으면서도 질이 인공 지능 조교임을 몰랐던 것이다. 2016년 질의 강의 조교 역할이 탁월했다고 판단한 일부 수강생들은 인공 지능 질을 올해의 최우수 강의 조교Best T. A.상의 후보로 추천하자고 제안하기도 했다. 2017년부터는 인공 지능 질의 업그레이드된 버전인 질 ⅡJill Ⅱ를 활용하고 있다. 고일 교수는 인공 지능 조교를 활용하면 인간 조교들은 학생들과 좀 더 많은 면대면 시간을 가질 수 있을 뿐만 아니라 창의적으로 가르치는 일에 더 많은 시간을 투자할 수 있다는 장점을 지닌다고 말했다.

이처럼 인공 지능이 강의 조교까지 할 수 있는 시대가 되었다. 디지털 기술은 무크와 같은 플랫폼 기반 대규모의 온라인 강좌를 가능하게 했고, 이런 대규모 온라인 강좌는 인공 지능 조교를 필요로 했고 인공 지능 조교를 탄생시켰다. 마인도조Mindojo 같은 회사는 사람에게 수학, 물리학, 역사를 가르칠 뿐만 아니라 피교육자인 사람들을 연구해 정확히 어떤 사람인지를 알아내는 인터랙티브 알고리즘을 개발하고 있다. 이런 기술을 토대로 개발될 디지털 교사는 학생의 장점과 단점, 관심과 흥미, 감정 상태와 눈꺼풀의 무게까지를 알아내 학생에게 최적의 방식으로 교육하게 될 것이다. 이런 디지털 교사들은 인내심을 잃지도, 학생에게 소리를 지르지도, 파업하지도 않을 것이다(Harari, 2017: 430). 학교에서 디지털 교사를 만날 날도 그리 멀지 않을 것 같다. 특히, 초·중등학교의 기능 학습이나 반복 학습 영역에서 인공 지능이 교사를 대체하게 될 날도 머지않아 보인다.

필자는 2017년에 서울대학교 행정대학원에서 '4차 산업 혁명과 교육'에 대해 발표한 적이 있다. 청중으로 참석한 교수 중의 한 분이 '4차 산업 혁명과 교육'이라는 주제의 적절성에 대해 매우 강한 의문을 제기했다. 대략 요약하자면 '4차 산업 혁명은 산업 관련 이야기인데, 경제나 노동도 아닌 사회, 문화, 교육 영역에서까지 왜 그렇게 야단법석이냐?'라는 식의 문제 제기였던 것 같다. 그렇다. 얼핏 보면 4차 산업 혁명과 교육은 완전히 별개의 문제처럼 보일지 모른다. 그러나 이미 교육 현장에 4차 산업 혁명은 깊숙이 침투되어 있다. 어느 대학에서나 흔히 개설되는 온라인 강좌, 빅 데이터를 활용한 교육, 인터넷 매체를 활용한 교육 자료 제작과 소통 등은 이미 우리 교육의 일부분이다. 앞으로 새로운 시대에 걸맞은 새로운 교육이 어떤 형태로 등장하게 될지 우리 모두 주시해야 할 때이다.

2부 4차 산업 혁명 시대, 교육 혁신을 위한 새로운 관점들

> 새 포도주는 새 부대에 넣어야 둘이 다 보전되느니라.
> They pour new wine into new wineskins, and both are preserved.
> - 『New Testament』 -

우리는 새 술은 새 부대에 넣어야 한다는 말을 종종 듣는다. 왜 새 술은 새 부대에 넣어야 하는가? 왜냐하면 새 술을 헌 부대에 담으면 술과 부대 모두 잃을 수밖에 없기 때문이다. 유대인은 새 포도주는 반드시 새 양가죽 부대에 넣었다. 새 포도주는 여전히 발효가 진행 중이어서 가스를 내뿜고 팽창하기 때문에 부대 역시 늘어나야 한다. 새 가죽 부대는 팽창할 수 있는 탄력성이 있어서 문제가 없지만, 헌 가죽 부대는 이미 늘어나서 탄력성을 잃었기 때문에 헌 부대에 새 포도주를 넣으면 술이 발효되면서 부대가 터져 버린다. 술과 부대를 모두 잃게 되는 것이다. 그래서 새 술은 반드시 새 부대에 넣어야 한다. 학교 교육 역시 마찬가지이다. 학교 교육은 4차 산업 혁명 시대에 걸맞은 형태로 바뀔 필요가 있다.

새 시대는 새로운 교육을 필요로 하고 새로운 교육은 새로운 관점을 필요로 한다. 그렇다면 교육을 바라보는 새로운 관점으로는 어떤 것들이 있는가? 2부에서는 학교 교육을 바라보는 7가지 새로운 관점들을 살펴보고자 한다. 첫째, '컴퓨터와 싸울 것인가, 컴퓨터를 부릴 것인가?', 둘째, '교육을 표준화할 필요가 있는가?', 셋째, '인간의 지능은 하나인가, 여럿인가?', 넷째, '교사가 필요한가?', 다섯째, '한 교실에서 개인 맞춤형 학습이 가능한가?', 여섯째, '닫힌 교실인가, 열린 공간인가?', 일곱째, '학교가 창의성을 죽이는가?' 순으로 살펴볼 것이다.

1. 컴퓨터와 싸울 것인가, 컴퓨터를 부릴 것인가?

2017년 5월에 한국을 방문한 수학자이자 벤처 사업가인 영국인 콘래드 울프램Conrad Wolfram을 만난 적이 있다. 2016년 10월에 이스라엘 예루살렘에서 열린 '교육과 산업 정상 회의'에서 본 뒤의 두 번째 만남이었다. 이튼스쿨과 옥스퍼드대학교 수학과를 나왔으며, 유튜브 등에서 천재로 소개되는 벤처 사업가 울프램과의 만남은 4차 산업 혁명 시대에 수학 교육이 어떻게 바뀌어야 하는가를 깊이 생각하게 만들었다.

4차 산업 혁명 시대에 걸맞게 수학 교육이 바뀌어야 한다는 그의 주장과 열정은 필자에게 큰 충격을 주었다. 두 시간 반에 걸친 저녁 식사 시간 동안에 식사는 하는 둥 마는 둥 하면서 열정적으로 말했던 울프램의 수학 교육에 관한 이야기를 요약하면 다음과 같다. 수학 교육은 다음의 네 가지 요소로 구성된다. ① 실생활에서 수학적으로 해결해야 할 문제 찾기to define, ② 문제를 해결할 수 있도록 수학적으로 공식화하기to translate, ③ 컴퓨터를 활용하여 계산하기to compute, ④ 계산 결과를 실생활 문제에 적용하여 해결하기to apply이다. 따라서 참된 수학 교육은 문제 찾기부터 해결하기까지의 일련의 사이클을 반복하면서 학생들의 수학적 사유 역량 및 문제 해결 역량을 키워 줄 수 있어야 한다.

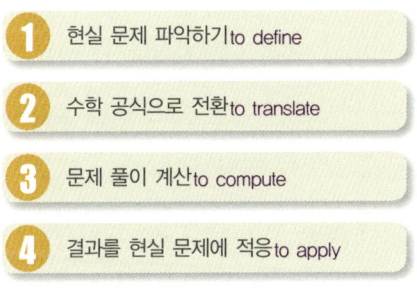

[그림 1] 콘래드 울프램의 수학 교육 네 가지 구성 요소

울프램에 따르면 현재의 수학 교육에는 2가지 근본적인 문제가 있다. 첫 번째 문제는 수학 교육의 한 가지 요소에 불과한 '계산하기'를 수학 교육 전체라고 생각한다는 점이다. 이 문제를 좀 더 자세히 살펴보자. 먼저 우리가 수학 교육을 하는 근본적인 이유는 무엇인가? 계산 능력을 기르기 위해서인가? 오늘날 우리는 계산기나 컴퓨터를 통해 계산 문제를 쉽게 해결할 수 있다. 그렇다면 우리가 수학 교육을 하는 다른 이유가 있는가? 수학 교육의 근본

적 목적은 학생들에게 수학적 사유 역량 및 문제 해결 역량을 길러 주기 위해서이다. 그렇다면 계산하기를 통해 이런 역량을 길러 줄 수 있는가? 울프램의 말대로 계산 능력은 수학적 역량의 극히 일부분을 차지할 뿐이다. '수학 = 계산하기'라기보다는 '수학 〉 계산하기'이다. 그럼에도 불구하고 우리는 마치 계산 능력을 기르는 것이 곧 수학적 역량을 기르는 것처럼 생각하며 '계산하기' 중심의 수학 교육을 하고 있다. 울프램의 이런 지적은 적어도 필자에게는 상당한 설득력이 있어 보였다.

그렇다면 왜 이러한 현상이 발생했는가? 울프램에 따르면 과거에는 수학 교육의 다른 요소보다 계산 능력이 상대적으로 더 중요했다. 수학적 문제 상황에 맞닥트려to define 그 문제를 수학적으로 공식화하더라도to translate 문제 풀기 또는 계산하기 자체가 쉽지 않았다. 계산기나 컴퓨터가 없는 상황에서 수식으로 표현된 문제를 틀리지 않게 계산하는 것은 매우 중요했다. 이런 상황에서는 계산하기가 곧 수학 교육의 많은 부분을 차지할 수밖에 없었다. 그리고 울프램의 표현을 따르면 "다섯 살 아이도 뭔가가 점점 커지거나 줄어드는 변화에 관심을 가진다."는 점에서 미적분에 관심을 가진다고 볼 수 있지만, 대부분의 국가에서 16~17세부터 미적분을 가르치는 것은 계산이 어렵기 때문이었다. 그러나 현대 사회에서는 계산기나 다양한 컴퓨터 솔루션을 통해 수식화된 문제를 손쉽게 해결할 수 있다. 학생을 수식의 문제 풀이에 가두기보다는 실제 삶의 장면에서 해결할 수 있는 수학적 문제를 찾아내고 to define 수식화하며 to translate, 컴퓨터로 계산된 결과를 해당 문제 상황에 적용하여 to apply 문제를 해결할 수 있도록 교육하는 것이 더 중요하다. 따라서 이제 수학 교육에서는 계산하기보다는 문제 발견, 수식화, 적용하기에 더 많은 관심, 시간과 노력을 투자할 필요가 있다. 그리고 이를 위해서는 수학 교육을 순수 수학이라는 학문의 범주에 가두지 말고 수학과 관련된 다양한 실생활 문제와 연계시켜 진행할 필요가 있다.

울프램이 지적한 수학 교육의 두 번째 문제는 컴퓨터로 잠깐이면 풀 수 있는 계산 문제를 학생들에게 손으로 반복하여 풀게 한다는 것이다. 계산 문제를 손으로 푸는 것과 컴퓨터를 통해 푸는 것의 차이는 무엇인가? 계산 문제를 손으로 풀 경우 수학 공부 시간의 많은 부분을 계산하기가 차지한다. 다시 말하면 수학 교육의 네 가지 요소인 문제 찾기, 수식화하기, 계산하기, 적용하기 중 계산하기의 비중이 지나치게 많아진다. 그러면 그만큼 나머지 3가지 요소인 문제 찾기, 수식화하기, 적용하기를 공부할 시간과 기회가 줄어들 것이다. 계산하기 문제를 컴퓨터를 통해 풀 경우 문제 찾기, 수식화하기, 적용하기의 시간과 기회는 그만큼 더 늘어난다. 어느 것이 미래 사회를 살아갈 우리 학생들에게 더 필요하고 유익할까? 필자는 미래 사회에서 필요로 하는 수학적 역량은 계산하기보다는 문제 찾기, 수식화하기, 적용하기라는 울프램의 주장에 상당히 공감한다. 왜냐하면 수학자를 길러 내는 교육이 아니라 미래 사회를 살아갈 시민을 길러 내는 교육에서 우리 학생들에게 필요한 수학적 역량은 실생활 세계에서 부딪히는 수학적 문제를 해결하는 역량이지 교과서에 나오는 수식을 계산하는 역량은 아니기 때문이다.

요컨대 우리는 수학 교육에서 실제 삶 속에서 수학적 문제 상황을 찾아 수식화하고 이를 해결할 수 있는 수학적 역량을 길러 주어야 한다. 스마트 기기 등을 통해 쉽게 풀 수 있는 계산하기 문제를 손으로 계산하게 하는 단순하고 지루한 반복 작업을 더 이상 학생에게 강요해서는 안 된다. 손으로 반복하여 계산하는 것을 강조하는 수학 교육은 계산하기에만 많은 시간을 할애할 뿐이며, 수학적 문제 상황을 찾아 수식화하고 해결하는 수학적 사고 및 문제 해결 역량 개발을 소홀히 할 수밖에 없다. 그뿐만 아니라 반복되는 지루한 계산하기 작업 때문에 많은 학생은 수학에 흥미를 잃게 된다. 선진국뿐만 아니라 중국, 말레이시아 등 아시아의 많은 나라에서 전문 계산기나 컴퓨터를 활용하여 수학적 역량을 기르려는 현상을 우리는 언제까지 지켜봐야만 하는가? 우리나라 수학 교육의 성격과 나아갈 방향에 대한 근본적인 고민이 필요해 보인다.

최근 모 단체에서 영국과 미국의 최고 대학에 입학한 학생들에게 한국 대학수학능력시험의 수학 문제를 풀게 한 적이 있었다.

많은 학생이 수학 문제를 제대로 풀지 못했다. 더 인상적인 것은 왜 이런 문제를 계산기나 컴퓨터를 사용하지 않고 손으로 풀어야 하는지 이해할 수 없다는 반응을 학생들이 보였다는 점이다. 이것은 다른 나라의 관점에서 보면 우리나라의 수학 교육이 어딘가 엇나가고 있음을 보여 주는 사례일 것이다. 우리 학생들에게 정말 필요한 것이 수학적 역량이라면 계산 능력 중심의 수학 교육이 과거형 교육이었음을 인정하고 새로운 수학 교육을 디자인할 필요가 있다. 계산하기 문제를 놓고 컴퓨터와 싸워 이길 사람이 있다고 생각할 사람은 아무도 없다. 컴퓨터를 활용하여 우리 학생들이 수학을 즐겁게 공부하면서 미래 사회에서 필요로 하는 수학적 역량을 기를 수 있도록 미래 수학 교육의 방향에 대한 진지한 논의를 시작할 필요가 있다.

2. 교육을 표준화할 필요가 있는가?

먼저 다음 그림부터 살펴보자. 다양한 동물이 사이좋게 함께 모여 있다. '동물원 학교'를 그린 것일까? 이 그림은 한국에도 몇 차례 온 적이 있는 핀란드 교육학자 파시 살버그Pasi Sahlberg가 「학교를 죽이는 병균GERM that kills schools」이라는 제목의 뉴욕 TED 강연에서 표준화를 강조하는 세계적인 교육 개혁 흐름을 비판하면서 이야기한 내용이다.

[그림 2] 파시 살버그의 「학교를 죽이는 병균」

살버그 교수는 이 강연에서 표준화, 경쟁, 책임을 강조하는 미국 교육보다 핀란드 교육이 왜 더 성공적이고 의미 있는지 설명한다. 특히 표준화 교육을 비판하면서 이 그림을 활용한다. 그림에서 교사는 "공정한 평가를 위해서 우리 모두가 똑같은 시험을 치러야 한다. 오늘 시험 문제는 '나무 오르기'야."라고 말한다. 교실에는 서로 다른 재능을 지닌 다양한 학생이 모여 있는데 공정한 평가를 한다는 명분으로 표준화된 교육 평가를 실시하며 학생을 '경쟁'시키는 것이 얼마나 말도 안 되는 일인지를 풍자적으로 잘 보여 준다.

이 그림과 관련된 살버그 교수의 강연 내용을 좀 더 인용해 보자. "이 그림은 표준화가 강조되는 교실에서 일어나는 현상을 보여 준다. 여러분이 이미 알고 있듯이 이 그림에서처럼 교실에 있는 학생들은 서로 다르다. 그렇지 않은가? 여러분이 표준화된 방법과 절차에 따라 교육을 한다면 실패 외에는 기대할 게 없을 것이다. 금붕어에게 나무에 오르라고 말하다니……, 여러분은 어떻게 생각하는가?"

살버그 교수는 다음과 같은 에피소드를 통해 학교 교육에서 경쟁이 야기하는 문제의 심각성을 지적한다.

"두 친구가 산속에서 하이킹하고 있었다. 한참을 가다 보니 '야생 곰 주의'라는 팻말이 있었다. 친구 중 한 사람이 갑자기 하이킹화를 런닝화로 바꿔 신기 시작했다. 이를 본 친구가 말했다. 그래도 곰보다 더 빨리 뛰지는 못할 걸세. 그러자 친구가 말하기를 곰보다 빨리 달리지는 못해도 당신보다는 더 빨리 달릴 수 있을 걸세."

야생 곰을 피하거나 살아남는 방법을 친구와 함께 찾기 위해 궁리하기보다는 친구로 제물 삼아 자신만 살아남으려는 모습이 마치 경쟁을 강조하는 학교 교육과 같다고 살버그 교수는 말한다.

살버그 교수는 학생 각자가 어떤 달란트를 지니고 있는가를 발견하는 것이 학교가 해야 할 첫 번째 임무라고 말한다. 교실에는 코끼리 같은 학생도 있고 물고기 같은 학생도 있으며, 원숭이 같은 학생도 있고 거북 같은 학생도 있다. 학생마다 각기 다른 달란트, 즉 재능을 지니고 있다. 그런데 '나무 오르기'라는 표준화된 시험 문제로 '동물원 학급'을 평가하면 원숭이는 늘 1등을 할 것이고 거북은 늘 실패할 것이며, 물고기는 시도 자체를 할 수 없을 것이다. 표준화 교육보다는 학생 개개인의 다양한 재능을 찾아 계발해 주려는 개별화 교육을 어떻게 수행할 것인지 우리 모두 머리를 맞대고 고민할 필요가 있다.

3. 인간의 지능은 하나인가, 여럿인가?

인간의 지능은 하나로 존재하는가 아니면 여러 개로 존재하는가? 인간의 지능은 하나가 아니라 여럿이라고 주장한 사람이 있다. 바로 미국 하버드 대학교의 교육심리학과 교수 하워드 가드너Howard Gardner이다. 인간의 지능은 여러 종류로 존재한다는 그의 이론은 이미 한국에도 널리 알려져 있다. 사실 지능에는 여러 가지가 있다는 이러한 입장은 우리의 상식에도 부합한다. 우리는 모든 것을 다 잘하는 사람보다는 특정 분야를 잘하는 사람을 더 자주 만난다. 음악에 소질이 있는 사람, 운동을 잘하는 사람, 디자인 감각이 뛰어난 사람, 그리고 공간 지각 능력이 잘 발달한 사람도 있다. 인간에게는 하나의 지능이 아니라 다양한 종류의 지능이 존재한다는 이론이 하워드 가드너의 '다중 지능 이론multiple intelligences theory'이다.

인간은 키나 몸무게를 재는 것처럼 지능을 재는 방안을 만들고 싶어 했다. 객관성과 수량화를 중시하는 실증주의 영향 아래서 1905년에 프랑스의 알프레드 비네Alfred Binet가 최초의 지능 검사를 제작하였다. 비네는 학령기 아동 중에서 학교 교육을 받기 어려운

자를 선별하기 위한 도구로 비네 검사를 고안하였다. 미국에서 번역되어 사용되던 비네의 지능 검사를 1916년에 스탠포드대학교의 터먼L. Terman 교수가 대폭 개정하여 오늘날의 IQ 검사와 유사한 스탠포드 – 비네 검사를 만들었다.

비네의 검사와는 달리, 미국에서 개발된 IQ 검사는 3가지 가정 위에서 개발되었다. 첫째, 인간에게는 '일반 지능general intelligence'이 있고, IQ 검사로 일반 지능을 측정할 수 있다. 둘째, 일반 지능은 변하지 않으며 유전된다. 셋째, 지능은 숫자로 표현할 수 있다. 그러나 다중 지능 이론을 제시한 가드너는 IQ 검사의 이러한 3가지 전제를 모두 부정하였다. 첫째, 인간에게 일반 지능이라는 것은 존재하지 않는다. 지능은 단수가 아니라 복수로 존재한다. IQ 검사는 일반 지능을 측정하기보다는 여러 지능 중에서 언어 지능과 논리·수학 지능만을 측정할 뿐이다. 둘째, 지능은 유전된다기보다는 개발 가능하며 변화할 수 있다. 셋째, 지능은 지필 검사로 파악되지 않는다. 지능을 파악하려면 다양한 반응을 불러낼 수 있는 '풍성한 환경'에서 사람들의 다양한 반응을 관찰해야 한다. 따라서 지능은 숫자로 표시되지 않으며, 어떤 지능이 뛰어나고 어떤 지능이 낮은지를 파악하는 것만이 가능하다. 가드너의 다중 지능 이론은 전통적인 지능 이론(IQ 이론)에 종류만 추가한 지능 이론이라기보다는 지능에 대한 전통적인 관점 자체를 철저히 전복시킨 이론이라는 점에서 매우 중요하다.

보스턴대학교 의과대학 신경학과 교수를 역임했던 가드너는 인간의 다중 지능 이론을 하나로 가설로만 제시한 것은 아니다. 가드너는 그 자신이 제시한 각 지능에 대한 뇌 과학적 근거를 찾고자 노력했다. 하나의 지능이 독자적인 지능으로 성립하려면 '학자 백치idiot-savant' 현상처럼 다른 지능이 손상되었을 때에도 관심 대상 지능은 고립되어 나타날 수 있어야 한다. 여기서 학자 백치 현상이란 특정 지능은 고도로 발달되어 있지만 다른 지능들은 발달이 지연된 현상을 말한다. 가드너는 『마음의 틀Frames of Mind』이라는 책에서 지능이 성립하기 위한 8가지 조건 중의 하나로 뇌 과학적 증거를 제시했다. 뇌 과학적 증거를 포함하여 8가지 조건을 모두 만족시키는 다중 지능으로 가드너는 언어 지능, 논리·수학 지능, 음악 지능, 신체·운동 지능, 공간 지능, 개인 지능, 집단 지능, 자연 친화 지능을 제시하였다. 이 중에서 우리에게 상대적으로 낯선 개인 지능, 집단 지능, 자연 친화 지능의 의미만을 간단히 살펴보자. 여기서 개인 지능intrapersonal intelligence은 자기 자신의 성격이나 성향, 신념, 기분 등에 대한 성찰과 이해, 자신의 내적 문제들을 해결하는 능력 등을 의미한다. 이런 이유로 개인 지능을 '자기 성찰 지능'으로 번역하기도 한다. 그리고 집단 지능interpersonal intelligence은 사람들의 기분, 감정, 의도 등을 읽어 낼 수 있는 능력, 그래서 사람들을 설득하고 협업할 수 있도록 이끌 수 있는 능력 등을 의미한다. 따라서 집단 지능을 '인간 친화 지능'으로 번역하기도 한다. 이런 집단 지능이 뛰어난 사람들은 정치 지도자, 종교 지도자, 교사, 상담원 등의 일에 적합하다. 그리고 자연 친화 지능은 가드너가 처음에 7가지 지능을 제시할 때는 없었다가 나중에 추가한 지능이다. 자연 친화 지능은 자연을 이해하고 분석하는 지능으로 자연에 존재하는 동식물의 세밀한 차이를 알아보거나 이들을 분류하고 채집하는 능력 등을 일컫는다.

[그림 3] 하워드 가드너의 다중 지능 이론

가드너는 인간의 지능을 앞에 소개한 8가지로 한정하지 않았다. 앞으로도 여러 종류의 지능이 발견되어 추가될 수 있다고 보았다. 가드너는 '실존 지능existential intelligence'과 '교수 지능pedagogical intelligence'도 존재할 수 있다고 보았다. 다만 이런 지능에 대해서는 앞에 제시한 8가지 지능만큼 충분한 과학적 증거를 아직 확보하지 못했다고 말한다. 요컨대 가드너에 따르면 인간에게는 적어도

8가지 이상의 지능인 다중 지능이 존재한다. 전통적으로 '일반 지능'으로 간주되어 온 언어와 논리·수학 지능 외에도 최소한 6가지 이상의 다른 지능이 있다. 사람은 누구나 이런 8가지 지능의 조합인 지능 프로파일을 가지고 있다. 심지어는 일란성 쌍둥이를 포함하여 어느 누구도 동일한 지능 프로파일을 가지고 있지 않다. 사람들은 누구나 자신만의 독특한 지능 프로파일을 가지고 있다.

가드너의 다중 지능 이론을 얘기할 때 빠트릴 수 없는 에피소드가 하나 있다. 세계적인 안무가 질리언 린Gillian Lynne의 이야기이다. 린은 어렸을 때 학교에 잘 적응하지 못했다. 교실에서 가만히 앉아 있지 못하고 계속 여기저기 돌아다녔다. 선생님의 지적도 소용이 없었다. 옆에서 나는 작은 소리에도 고개를 돌리고 선생님의 설명에는 집중하지 못했다. 더 이상 린을 교육하기 힘들다고 판단한 교사는 린의 어머니를 학교로 불러 린이 치료가 필요한 것 같다고 말했다. 린의 어머니는 린을 데리고 정신과 병원에 갔다. 상담을 끝낸 의사는 린에게 "잠시만 기다려 줘. 엄마와 잠깐 얘기하고 올게." 하면서 라디오를 켜 놓고 상담실을 나갔다. 복도로 나간 의사는 어머니와 함께 창문으로 아이를 지켜봤다. 아이는 라디오에서 흘러나오는 음악에 맞춰 춤을 추면서 행복한 표정을 지었다. 의사는 엄마에게 말했다. "아이는 병에 걸린 게 아닙니다. 다만 잘못된 곳에 있었을 뿐입니다. 춤에 소질이 있으니 발레 학교에 보내면 어떨까요?"라고 말했다. 린은 런던의 로얄발레학교에 입학

했고, 수많은 발레 전공 학생과 같이 몸을 자연스럽게 움직이면서 발레를 익혔다. 린은 영국 로열발레컴퍼니의 일원이 되었고, 은퇴한 후에 '캣츠Cats'와 '오페라의 유령The Phantom of the Opera' 등의 안무가로 활동했다. 신체·운동 지능이 뛰어났던 린에게 적합한 교육적 환경을 마련해 주지 않고 일반 지능이 부족한 문제아로 간주했더라면 우리는 한 천재 안무가를 영영 만나지 못했을지도 모른다. 린을 문제아로만 봤다면 많은 사람이 좋아하는 '캣츠'나 '오페라의 유령'도 이 세상에 존재하지 못했을 것이다.

인간에게는 8가지 이상의 지능이 존재하고 사람마다 서로 다른 지능 프로파일을 가지고 있다는 가드너의 다중 지능 이론은 학교 교육에 중요한 점을 시사한다. 첫째, 학교 교육에서 언어 지능이나 논리·수학 지능 외에도 창의성 및 신체·운동 관련 지능, 감성·인성·사회성 관련 지능도 강조할 필요가 있다. 그동안 학교 교육에서 국어, 영어, 수학 등 언어와 논리·수학 지능 관련 교과가 핵심 교과로, 체육, 음악, 미술 등 창의성 및 신체·운동 지능 관련 교과는 주변적인 교과로 간주되었다. 더 나아가 감성·인성·사회성 관련 교육 내용은 학교에서 교과의 지위를 유지하기도 쉽지 않았다. 그러나 4차 산업 혁명 시대에는 현재까지 상대적으로 주변적인 교과로 경시되어 왔던 창의성 및 신체·운동 지능 관련 교과나 감성·인성·사회성 관련 교육 내용에 더 많은 관심을 가질 필요가 있다. 둘째, 교육을 각 개인의 지능 프로파일에 맞게 '개별화individualization'할 필요가 있다. 교육의 개별화는 예전에도 이야기 되었지만 이상으로만 존재할 뿐 실천하기는 쉽지 않았다. 그러나 이제는 ICT의 발달로 학교에서 개별화된 수업을 진행하는 것이 얼마든지 가능한 시대이다. 4차 산업 혁명은 과거에는 불가능하게 생각했던 교육 방식을 가능하게 만들어 줄 수 있기 때문이다.

셋째, 동일한 내용을 가르치더라도 '다양한 방식pluralization'으로 표현하여 가르칠 필요가 있다. 우리는 스마트 기기를 통해서 문자, 음성, 사진, 영상 등 다양한 형태의 자료에 언제나 쉽게 접근할 수 있다. 동일한 내용도 다양한 방식으로 표현하고 학습함으로써 학생들은 학습 내용을 다양한 형태로 더욱 깊이 있고 풍부하게 이해하고 또 표현할 수 있다.

『4차 산업 혁명』의 저자 클라우스 슈밥Klaus Schwab은 미래 사회에서 성공하기 위해 필요한 4가지 지능, 즉 4가지 역량을 제안하였다. 이것은 상황 맥락contextual 지능, 정서emotional 지능, 영감inspired 지능, 신체physical 지능이다. 슈밥이 제시한 4가지 지능·역량은 언어 지능이나 논리·수학 지능과 유사한 지능·역량이라기보다는 창의성, 감성, 인성, 사회성 등 기계성과 반대되는 인간성과 관련되어 있는 지능·역량이다. 이런 인간성을 잘 길러 줄 수 있는 내용은 도구 교과인 국어, 영어, 수학이라기보다는 체육, 음악, 미술이나 개인 지능·집단 지능과 관련된 내용을 다루는 교과이다. 따라서 미래 사회에서는 언어 지능이나 논리·수학 지능만이 아니라 다양한 다중 지능을 최대한으로 길러 줄 수 있는 교육을 실시할 필요가 있다.

4. 교사가 필요한가?

미국 스탠포드대학교 교육대학원 원장을 맡고 있는 교육 공학 교수 폴 김Paul Kim은 "좋은 교사는 가르치지 않는다."라고 말한다. 이 말은 얼핏 보면 자기모순처럼 보인다. 교사는 가르치는 일을 업으로 삼는 사람인데, 좋은 교사는 가르치지 않는다니……. 도대체 무엇을 말하고자 하는 것일까? 폴 김의 말을 직접 인용해 보자. "진정한 교사가 되고 싶으면 가르치는 일을 하지 마십시오. 대신에 질문을 던지거나 문제를 보여 주세요. 아니면 감동이나 영감을 줄 수 있는 상황을 만들어 학생 스스로 깨우쳐 탐구하고 싶어 하게 하고, 스스로 호기심을 가지게 하십시오."(폴 김, 함동균, 2017: 60) 폴 김의 발언은 교육의 패러다임이 '교사가 직접 가르치는 것'에서 '학생이 스스로 배우도록 하게 하는 것'으로 바뀌었음을 잘 보여 준다.

폴 김은 스탠포드대학교의 명성과 자신의 전공 분야인 교육 공학을 적절히 결합하여 '테크놀로지를 통한 교육으로 세상을 바꾸는 프로젝트'인 스마일SMILE 프로젝트를 수행하고 있다. 스마일 프로젝트의 'SMILE'은 'Stanford Mobile Inquiry-based Learning

Environment'의 약자로 '스탠포드대학교 모바일 탐구 기반 학습 환경 구축 프로젝트'를 뜻한다. 네트워크 시대에는 정보나 지식을 암기하는 것은 더 이상 의미가 없다. 학생들이 활동에 몰입하면서 뭔가를 배우거나 창조하는 것이 더 중요하다. 정보나 지식을 암기하기보다는 자신에게 의미 있고 흥미 있는 문제를 발견하고 문제를 분석하고 해결하는 역량을 기르는 것이 더 중요하다. 요컨대 학생들이 얼마나 많은 정보나 지식을 정확히 기억하고 있느냐보다는 문제를 발견하고 해결하는 역량, 분석하고 발표하고 평가하는 역량을 얼마나 갖추었느냐가 더 중요하다.

폴 김은 모바일 학습 환경 구축을 통해 전 세계의 많은 학생에게 이러한 역량을 키워 주려고 노력한다. 그래서 폴 김에게는 스마일 프로젝트가 단순히 기술 공학의 문제라기보다는 교수법과 관련된 문제이다. 스마일 프로젝트를 수행하면서 폴 김은 교육용 모바일 기기만 공급할 뿐이며 교사는 파송하지 않는다. 그는 학생 스스로 모바일 기기 사용법을 익히면서 기기 안에 탑재된 교육 내용도 스스로 학습할 수 있게 유도한다. 이러한 테크놀로지를 활용한 교수법을 폴 김은 '외계인 교수법'이라고 부른다. 그 이유는 그가 멕시코 등 오지 마을을 찾아 학생들에게 모바일 기기를 나누어 주면서 "외계인이 나에게 이런 기기를 가져다 주었는데 내가 이 기기 사용법을 잘 모르겠다. 그래서 너희가 사용법을 파악해서 나에게 알려 주면 고맙겠다."라고 말했기 때문이다. 그러면 오지 마을의 학생들은 처음으로 컴퓨터를 접했음에도 불구하고 시행착오를 거치며 빠른 속도로 기기에 친숙해지고 기기 안에 내장된 교육 자료를 활용하여 스스로 학습한다. 이런 맥락에서 볼 때, 교사는 더 이상 가르치는 사람이 아니라 코치, 조언자 또는 촉진자이다. 따라서 폴 김에게는 교육의 미래는 티칭teaching이 아니라 코칭coaching이다(폴 김·함돈균, 2017).

스마트 기기를 활용하여 학생의 자기 주도적인 학습 활동을 확대하려는 노력은 다른 곳에서도 발견된다. 영국의 뉴캐슬대학교 교육 공학 교수인 수가타 미트라Sugata Mitra는 '벽 안의 구멍Hole in the Wall'이라는 유명한 실험을 실시하였다. 이 실험은 아동들이 외부의 어떤 체계적인 훈련 없이도 스스로 컴퓨터를 통해 쉽게 배울 수 있다는 주장을 증명하기 위한 것이었다. 그는 1999년에 영어로 된 웹 브라우저가 탑재된 컴퓨터를 뉴델리 빈민가의 벽에 설치했다. 그리고 누구나 와서 이 컴퓨터를 만질 수 있게 했다. 몇 달도 되지 않아 컴퓨터를 이전에 본 적도 없고 영어도 잘 모르는 아이들이 컴퓨터 조작과 인터넷 사용은 물론, 영어를 습득하여 컴퓨터에 설치된 다양한 소프트웨어 교육 자료를 읽고 학습할 수 있었다. 억양이 심한 영어를 사용하던 아동이 텍스트 읽기 프로그램을 통해 짧은 기간 동안에 억양 없는 표준 영어를 습득하는 성과도 발견하였다. 여기서 필자의 주목을 끄는 흥미로운 사실은 1인 1기기를 주는 경우보다 3인 1기기나 7인 1기기를 주는 경우에 학습 효과가 더 컸다는 점이다. 이것은 스마트 기기를 활용하는 상황에서 개인 학습보다는 집단 학습이 더 효과적임을 보여 주는 한 사례이다.

미트라는 이와 유사한 여러 실험을 통해 교사의 가르치는 활동이 없이도 학생들이 스스로 학습하거나 집단 속에서 서로 배우면서 가르칠 수 있음을 확인하였다. 이런 실험 결과에 힘입어 미트라는 ① 아동은 스스로 공부하고 싶은 것을 공부하며, ② 아동의 이러한 힘과 가능성을 믿어 주는 성인의 격려나 지지가 있다면 아동은 자기 능력을 극대화시킬 수 있다는 믿음을 가지게 된다. 이런 신념에 근거하여 미트라는 '미래의 교육'의 일환으로 전 세계적인 클라우드 리소스를 활용하여 학생 스스로 학습하고 가르칠 수 있는 클라우드 학교를 만드는 'SOLEs 운동'을 전개하였다. 'SOLEs 운동'이란 자기 주도 학습을 위해 '스스로 공부할 수 있는 학습 환경Self Organized Learning Environments'을 구축하는 운동을 뜻한다. 이 학습 환경이란 학생들이 큰 모니터가 달린 컴퓨터 앞에 집단으로 모여 공부할 수 있게 디자인된 환경이다. 그리고 학생들이 성인의 격려와 지지가 필요할 때 공부를 가르쳐 주기보다는 단순히 격려하고 지지해 주는 '할머니granny' 선생님을 활용할 수 있는 원격 시스템을 갖추었다. 학생들은 집단으로 구글 검색 등을 통해 학습하며, 필요할 경우 최소한의 자극을 주면서 격려해 주는 '그래니 클라우드granny cloud', 즉 할머니 선생님을 부를 수도 있다. 미트라는 SOLEs을 통해 이탈리아에 있는 10살짜리 학생들과 실험을 진행하였다. 이 실험에서 미트라는 영어만을 사용하고 이탈리아 학생들은 이태리어만을 사용하였다. 그래서 원활하게 의사소통을 하기 어려운 상황이었다. 그럼에도 불구하고 미트라가 "공룡이 어떻게 멸종했는가?", "캘커타는 어디에 위치하는가?", "피타고라스는 누구이며, 무엇을 한 사람인가?" 등의 질문을 칠판에 적자 이탈리아 학생들은 영어로 된 질문을 구글 번역기를 통해 이태리어로 번역한 다음 문제 풀이에 나섰다. 학생들은 각 질문에 대해 각각 15분, 10분, 20분 만에 문제를 해결할 수 있었다.

MIT의 미디어 랩 설립자인 니콜라스 네그로폰테Nicholas Negroponte가 주도한 '학생 1인당 노트북 컴퓨터 한 대씩 주기 프로젝트The one laptop per child project'도 비슷한 현상을 보여 준다. 가난한 나라 학생들에게 100달러짜리 노트북 컴퓨터를 보내자는 이 프로젝트는 대량 생산을 통해 저렴한 가격으로 노트북 컴퓨터를 생산해 보급하는 운동이다. 노트북 컴퓨터의 기능을 단순화하고 물이나 흙이 들어가지 않도록 그리고 떨어뜨려도 깨지지 않을 만큼 튼튼하게 만든 다음, 전기도 전화도 없는 외진 곳에 사는 아동들에게 노트북 컴퓨터를 주자 아동들은 스스로 기기 사용법을 터득하면서 기기 안에 저장된 교육 내용을 학습하는 놀라운 성과를 보여 주었다. 심지어 몇몇 아동들은 6개월 만에 여러 프로그램을 해킹하는 수준에까지 이르렀다.

앞에서 살펴본 3가지 사례, 폴 김의 '외계인 학습법', 미트라의 '벽 안의 구멍' 실험, 그리고 네그로폰테의 '한 학생에게 노트북 컴퓨터 한 대 주기 프로젝트'의 공통점은 학생이 스마트 기기를 통해 스스로 학습하는 것이 가능함을 보여 주었다는 점이다. 예전에는 교육에서 교사가 가르치는 것이 중요했다면, 이제는 그리고 미래에는 학생이 스스로 학습하는 것이 중요한 시대이다. 특히 학생이 호기심만 가진다면 학습은 언제 어디서나 일어나기 마련이다. 좋은 교사는 가르치지 않는다. 다만 학생 스스로 학습하도록 여건을 조성하고 학생 스스로 학습할 수 있도록 유도할 뿐이다. 특히 스마트 기기를 활용할 수 있는 미래 교육에서는 더욱 그렇다. 왜냐하면 스마트 기기는 성인보다는 유연성이 큰 아동들이 훨씬 더 잘 다룰 수 있기 때문이다. 개발 도상국이나 저개발국 학생들조차 스마트 기기를 통해 스스로 학습하게 하려는 여러 노력이 이루어지는 시대에 인터넷 강국이라 불리는 우리나라에서 학생들이 이런 경험을 얼마나 많이 하고 있는지 반성해 볼 필요가 있다. 다양한 스마트 기기를 교육의 지렛대로 삼고 우리 학교 교육에서 의미 있게 활용하려는 적극적인 노력이 필요해 보인다.

5. 한 교실에서 개인 맞춤형 학습이 가능한가?

한 교실에서 여러 유형의 학습을 경험할 수 있는가? 한 교실에서 개인 맞춤형 학습이 가능한가? 미국의 교육 관련 비영리 재단의 대표인 새이잔 조지Sajan George는 탁월한 테크놀로지와 교사의 교수법을 절충하면서 다른 한편으로 면대면 교육과 사이버 교육을 절충한 독특한 '블렌디드 학교 교육 모델', 즉 교사 중심 블렌디드 모델teacher-centric blended model을 개발하였다. 그는 이 교육 모델을 미국의 가장 열악한 환경에 있는 학교들에 적용하면서 교육적 성과를 확인하였다.

조지는 교육 모델의 이론적 기초를 벤쟈민 블룸Benjamin Bloom의 완전 학습 이론에서 찾았다. 잘 알려져 있듯이 블룸에 따르면 일정 기간 교수·학습 활동을 지속한 후 중간 시험과 기말 시험을 통해 평가하는 전통적인 교수법보다는 교수·학습 과정에서 수시로 평가하여 즉각적인 피드백을 통해 학생이 잘 이해하지 못한 부분을 반복 학습하게 하는 완전 학습법의 성과가 월등히 더 좋았다. 그리고 대학생을 튜터로 투입한 일대일 교육은 완전 학습법보다 훨씬 더 좋은 성과를 낳았다. 그래서 조지는 한 교실에서 학생들이 개별 학습을 할 수 있는 '교사 중심 블렌디드 모델'을 만들었다. 이 모델을 따르면 한 교실에서 교사의 면대면 교육과 온라인 교육을 동시에 실시할 수 있다.

먼저 다음 [그림 4]를 살펴보자.

[그림 4] 새이잔 조지의 블렌디드 학교 교육 모델

이 모델에서는 각 교실이 4개의 서로 다른 구역으로 나뉘어 있다. 각 구역에는 서로 구별되는 4개의 학습 그룹이 있고, 학생들은 각 구역에서 자기 자신만의 학습 경로를 따라 학습한다. 왼쪽에는 컴퓨터를 활용하여 스스로 학습하는 학생 그룹이 있다. 온라인 강좌를 듣거나 게임을 활용하여 문제 풀이를 할 수도 있고, 글을 읽는 학생도 있다. 교실 뒤쪽에는 교사와 함께하는 학생들이 있다. 이 그룹에서는 학생이 교사에게 궁금한 것을 물어볼 수도 있고 상황에 따라서는 교사가 직접 가르치기도 한다. 가운데 그룹은 앞의 두 단계를 거친 학생들이다. 이미 학습한 내용을 적용하며 숙달하는 과정에 있다. 집단 학습, 프로젝트 학습을 수행하거나 과학 실험을 할 수도 있고 에세이를 쓰기도 한다. 오른쪽에 네 번째 그룹이 있다. 그들은 배운 내용에 대해 온라인 테스트를 해보거나 앞으로 무엇을 공부할 것인지 찾아본다. 요컨대 이 블렌디드 학교 교육 모델은 학생들 각자의 필요와 학습 속도에 맞게 교육이 이루어지는 모델이다. 한 교실에 있으면서도 학생들은 각기 다른 공간에서 다양한 방법과 속도로 학습한다. 조지에 따르면, 이런 블렌디드 학교 교육 환경에서 이루어진 개인별 학습은 표준화된 학년별 교육과정에 따라 교육을 시행할 때보다 탁월한 교육 효과를 보여 주었다. 양 끝을 제외한 중간 95%에 위치한 학생들 중에서 74% 학생의 영어 성적과 83% 학생의 수학 성적이 10% 이상 상승했다. 좀 더 세밀하게 분석해 보면 38% 학생의 성적이 10~20% 올랐으며, 33% 학생의 성적은 20~30% 올랐고, 29% 학생의 성적은 30% 이상 올랐다. 획일화된 교실 운영에서 벗어나 학생 개인의 속도와 필요에 맞게 공부할 수 있도록 환경을 만들어 줄 때에 학생들은 매우 높은 성취 수준을 보여 준 것이다. 온라인 학습을 통해 기본 교육 내용을 제공하고 개별화된 평가가 가능해졌으므로 이러한 테크놀로지의 발전을 교육 현장에 적극적으로 수용하는 것만으로도 학교 교육은 생기를 찾을 수 있음을 조지의 블렌디드 학교 교육 모델은 보여 준다.

6. 닫힌 교실인가, 열린 공간인가?

인간은 자신이 원하는 대로 공간을 설계하고 건축을 하지만 일단 건물이 완성되면 인간은 지어진 건물과 배치된 공간의 지배를 받을 수밖에 없다. 즉, 건물과 공간이 사람의 사고와 행동 패턴을 결정하는 경향이 있다. 이러한 맥락에서 우리는 학교의 건물이나 공간 배치에 주목할 필요가 있다. 의무 교육, 무상 교육, 표준화 교육이라는 특징을 지니는 근대 학교 교육은 공교육이 도입되면서 20세기를 전후하여 학교의 건축과 공간 배치에도 표준화 현상이 나타나기 시작하였다. 근대 학교는 당시 유행의 최첨단에 위치한 공장의 영향을 많이 받았다. 당시 컨베이어 라인으로 대표되는 자동화 조립 생산 라인은 대량 생산을 가능하게 하였고, 이러한 공장은 사회 모든 분야가 본받아야 할 효율성의 이상적 모델로 간주되었다. 이처럼 대량 생산이 가능한 공장이 미국 사회 전반에 걸쳐 인간 삶의 모델이 된 현상을 포디즘Fordism이라고 한다. 포디즘은 우리가 이제까지 경험해 온 학교 교육에도 큰 영향을 미쳤다.

포디즘의 등장과 퇴장

미국에서 20세기 초반에 나타난 포디즘은 미국 자동차 회사 포드Ford의 이름에서 유래하였다. 당시 포드 자동차 생산은 2가지 특징을 지녔다. 첫째, 부품의 표준화를 통해 제품 생산의 전문화를 이루었으며, 둘째, 정지해 있는 미완성 자동차에 노동자가 찾아가 일하는 방식이 아니라 미완성 자동차인 일감이 노동자에게 오는 방식인 컨베이어 라인의 생산 방식을 도입했다. 1913년에 표준화와 컨베이어 라인 생산 방식의 도입으로 대량 생산이 가능해지자 T형 포드 자동차 가격은 대량 생산 이전과 비교하여 1/3 정도로 떨어졌다. 1908년에 850달러였던 자동차 가격이 대량 생산 이후인 1923년에는 295달러 정도로 떨어진 것이다. 대량 생산에 따른 이윤 증대로 노동자 임금이 상승하자 자동차의 수요는 더욱 늘어났고, 더 많은 자동차 생산으로 자동차 가격은 더 내려가는 선순환이 가능해졌다. 자동차 보급이 보편화되자 교외에 큰 집이 세워지면서 내 집 마련과 그 집을 채울 전화기, 냉장고, 세탁기 등 가전제품 분야로도 대량 생산의 선순환 효과가 나타났다. 이런 변화가 사회 전 분야로 확대되면서 미국은 세계 최초로 '지상 낙원'이라는 대중 소비 사회로 나아갈 수 있었다. 컨베이어 라인을 통해 가능해진 자동차 대량 생산이 이처럼 여러 분야로 연계, 확대되어 나타나는 선순환 효과로 인하여 포디즘이 등장하였다. 요컨대 포드 자동차 공장의 표준화와 컨베이어 라인 생산 방식의 도입은 포디즘이라는 유행을 만들면서 미국 사회 전반에 커다란 변화를 가져왔다. 미국 학교 교육 표준화의 대명사로 볼 수 있는 고등학교가 본격적으로 팽창하기 시작한 때가 1920년대라는 점은 단순한 우연이 아니다.

사실 근대 학교 교육 체제가 형성되면서 근대 학교의 건물과 시설에 해당하는 하드웨어뿐만 아니라 교육 내용의 선정과 조직, 학생의 조직, 시간표 운영 등 학교 교육의 다양한 소프트웨어조차도 표준화와 효율화를 중시하는 공장을 모델로 삼아 만들어졌다는 주장은 이제 상식에 속한다.

공장과 학교는 외관이 닮아서 어느 것이 공장이고 어느 것이 학교인지 구분하기 쉽지 않을 정도이다. 더 나아가 50분 동안 일하고 10분 동안 휴식하는 것부터 다양한 방식의 시공간의 절단과 배치에 이르기까지 공장과 학교는 조직과 운영의 많은 부분에서 유사성을 지닌다. 이처럼 공장을 따라 표준화한 학교 건물과 동일한 크기로 배치된 교실에서 우리는 지금까지 학교 교육을 해 왔다. 그러나 포디즘이란 용어를 만들어 낼 정도로 인류 삶에 엄청난 영향을 미쳤던 포드 자동차는 곧 몰락의 길을 걷는다. 표준화와 효율화의 유혹에 빠져 검정색 T형 자동차 한 종만을 생산하다가 생활의 풍요로 소비자의 욕구가 다양해지자 다양한 색상, 스타일, 안락함을 구비한 GM의 자동차 쉐보레에 밀려 1927년에 도태된 것이다. 화려한 성공의 맛에 취해 생활 환경의 변화에 둔감했던 포드 자동차가 환경 변화에 민감하게 반응한 GM 자동차에 의해 대체되었다는 역사적 사실은 우리 학교 교육에 대해서도 많은 시사점을 던져 준다.

그렇다면 4차 산업 혁명이라는 새로운 시대에 들어선 우리에게는 어떤 학교 건물, 어떠한 공간 배치가 필요할까? 과거의 학교는 표준화된 교육 목표, 내용, 방법을 추구했다면 새로운 시대의 교육은 학생들의 특이성과 다양성을 강조하고 개인별 맞춤 학습을 강조한다. 그렇다면 학교의 모습도 변할 수밖에 없다. 선진 사례를 살펴보면, 최근 학교 건축은 열린 공간open space을 강조하는 경향이 있다. 덴마크의 헬룹학교Hellreup Skole를 살펴보자. 외관이 일반 사무실의 건물과 비슷해 보이는 학교 건물 안으로 들어가면 계단이나 화장실, 회의실 등 최소한의 필수 공간을 제외한 나머지 공간은 탁 트여 있다. 우리나라 백화점 공간과 비슷해 보인다. 이처럼 탁 트인 넓은 공간은 필요에 따라 다양한 형태로 재배치, 구획하여 활용할 수 있도록 설계되었다. 백화점의 탁 트인 넓은 공간에 다양한 판매대가 들어서 있는 것처럼, 학교 건물의 열린 공간을 책걸상이나 사물함, 책장 등을 통해 다양한 유형의 학습 공간으로 재구성하여 활용하는 것이 가능하다. 3부에서 다룰 덴마크의 외레스타드 김나지움Oerestad Gymnasium도 이와 유사한 사례이다.

'새로운 술을 새 부대에'라는 말은 학교 건물에 대해서도 다시 적용할 수 있다. 공장 같은 구조의 학교 건물은 표준화된 사고방식, 획일화, 통제와 관리 위주의 교육을 전제로 하고 또 강요하기도 한다. 4차 산업 혁명은 새로운 테크놀로지의 활용을 가능하게 하고 또 새로운 시대를 위한 교육을 요구한다. 동일한 모양의 교실이 줄지어 서 있는 기존의 학교 건물 대신 적응력 있고 개별화된 맞춤형 교육, 창의성과 개인의 재능이 꽃피는 교육을 위해서는 열린 공간, 유연한 구조의 새로운 학교 건물을 필요로 한다.

7. 학교가 창의성을 죽이는가?

TED 강연 중에서 전 세계적으로 가장 많은 사람이 시청한 강연이 무엇인지 아는가? 켄 로빈슨Ken Robinson의 '학교가 창의성을 죽이는가?Do schools kill creativity?'이다. 2017년 말 현재 3억 명 이상이 시청했다고 한다. 이것은 한국뿐만 아니라 미국, 그리고 전 세계적으로 학교 교육에 대한 관심이 그만큼 많다는 것, 전 세계적으로 많은 사람이 학교 교육에 문제가 있다고 느끼고 있음을 보여준다.

사실 로빈슨은 교육학자가 아니다. 영국 출신의 미술 교육학자이다. 영국의 워릭대학교University of Warwick 예술 교육과 교수였던 로빈슨은 로스앤젤레스에 있는 게티 센터Getty Center의 요청으로 게티 센터의 미술 교육 전략 개발자로 일하기 위해서 미국으로 갔다. 미국에서 비공개로 진행되었던 로빈슨의 TED 강연이 공개되면서 로빈슨은 단번에 세계적인 유명 인사가 되었다. 로빈슨은 예술 교육학자답게 교육 내용으로는 인문학, 예술, 체육의 중요성을 강조하고, 교육 목표로는 창의성을 강조했다.

현재의 학교 교육에 대한 로빈슨의 문제 제기는 3가지 관찰 또는 주장에 근거하고 있다. 첫째, 인간은 선천적으로 서로 다르며 자신만의 특이성을 지닌 존재이다. 한 부모에게 태어난 자녀들조차도 서로 다르다. 하물며 부모가 다를 뿐만 아니라 성장 환경도 다른 사람들 간에 차이가 존재한다는 것은 너무나 당연하다. 따라서 학교는 학생들에게 다양한 내용을 폭넓게 제공해야 한다. 인문학, 예술, 체육과 같은 교과도 언어와 수학 등 핵심 교과와 동일한 비중으로 가르쳐야 한다. 학생 한 명, 한 명이 누구와도 다른 자신만의 개성, 즉 특이성을 지닌 존재임을 인정해야 한다. 그러나 현재의 학교 교육은 학생의 다양성보다는 학생 모두가 비슷할 것이라는 '동질성conformity'의 토대 위에서 작동한다. 강한 '표준화' 문화를 지닌 학교는 모든 학생이 학교의 일상적인 알고리즘에 순응하기를 기대한다. 자신의 특이성과 다양성을 부정하는 그런 학교를 학생들이 좋아할 리가 없다.

둘째, 인간의 삶을 풍성하게 하는 원동력 중의 하나인 호기심을 교육에서 적극적으로 활용해야 한다. 학생들은 호기심을 가지면 외부 도움 없이도 스스로 학습한다. 교사는 학생의 호기심을 자극하여 학습을 촉진하는 사람이다. 교사의 중요한 역할 중의 하나는 학생을 자극하고 지적으로 도발시키며 활동에 몰입하도록 하는 것이다. 그러나 학교는 교사의 전문성을 인정하지 않으며, 교사의 전문적인 교수·학습 활동보다는 시험 점수를 더 중시한다. 교육 내용과 방법, 평가, 교원을 표준화시키는 이런 학교 문화 속에서는 교사가 학생의 호기심을 자극하고 살려 주는 교수·학습 활동을 하기가 쉽지 않다. 우리가 학교에서 의미 있는 교수·학습 활동을 발견할 수 있다면 이는 학교를 지배하는 표준화 문화에도 불구하고 색다른 교수·학습 활동이 이루어져서 그런 것이지 단순히 표준화 문화 때문에 그런 것은 아니다.

셋째, 인간은 원래 창조적이다. 따라서 교육은 이런 인간의 창조성을 일깨워 주는 역할을 수행해야 한다. 그러나 공장 또는 산업체 운영 방식인 명령과 통제의 학교 관리 체제에서는 인간의 창조성이 발현될 수 없다. 적절한 조건이 갖춰진다면 생명은 약동하기 마련이다. 로빈슨은 미국 캘리포니아에 있는 '데쓰 밸리Death Valley', 즉 죽음의 사막을 예로 든다. 데쓰 밸리는 미국에서 가장 덥고 마른 사막 지역이다. 2004년 겨울 데쓰 밸리에 7인치 가량의 폭우가 왔다. 그러자 다음 해 봄에 한동안 데쓰 밸리가 꽃밭으로 변했다. 기적적인 현상이 나타난 것이다. 로빈슨에 따르면 이는 데쓰 밸리가 '죽어 있는dead' 땅이 아니라 '휴면하면서 기다리고 있는dormant' 땅이라는 증거이다. 강수라는 조건이 갖추어지자 수많은 꽃이 피어난 것이다. 우리가 학교 환경을 바꾸어 학생들에게 여러 다른 가능성, 여러 다른 기대감, 다양한 기회를 제공한다면, 그리고 교사와 학생 사이의 새로운 관계 맺기를 가능하게 해주고, 교사와 학생에게 창의적이고 혁신적일 수 있는 여지, 즉 재량권을 부여한다면 학교라는 사막은 생명이 끊임없이 꿈틀거리며 다양한 생명이 약동하는 옥토로 바뀔 것이다.

 로빈슨은 학교 교육을 바꾸기 위해서는 3가지 조치를 취해야 한다고 주장한다. 첫째, 교수 활동과 학습 활동을 개별화해야 한다. 학생은 기계가 아닌 인간이고, 인간은 모두 자신만의 특이성을 지니고 있으므로 가르치고 배우는 방법도 학생마다 다 달라야 한다. 결국 배우는 사람은 학생이기 때문에 학교는 학습 활동에서 학생의 호기심, 개별성, 창의성을 존중하고 활용해야 한다. 그렇게 해야만 학생들이 의미 있는 학습을 할 수 있게 된다. 둘째, 교직의 지위를 높이고 존중해야 한다. 우수한 인재를 교직에 끌어들이고 이들의 전문성 계발을 지원하지 않고서는 학교 교육을 혁신하는 것은 불가능하다. 교원에 대한 지원을 비용보다는 투자로 생각해야 한다. 셋째, 교육의 책임과 권한을 학교 수준으로 내려보

내야 한다. 국가나 정부 차원에서 정책을 결정한 다음 이를 학교에서 시행하도록 강요하는 것은 교육적으로 바람직하지 않다. 가르치고 배우는 교육 활동은 교실이나 학교 수준에서 일어난다. 그러나 학교와 멀리 떨어진 중앙 정부나 교육청에서 모든 것을 결정하여 학교가 시행하도록 하면 학교에서 의미 있는 교육은 더 이상 진행되지 않는다.

로빈슨은 『창의적인 학교Creative schools』라는 책에서 창의적인 학교의 여러 사례를 탐색하고 있다. 로빈슨에게 창의적인 학교란 학생이 관심 있는 것을 학습할 수 있는 환경을 만들어 주는 학교이다. 조지아주 스키모토중학교 사례를 살펴보자.

스키모토중학교 사례

무엇이든 학생들에게 중요한 것이 가장 중요해요.
풋볼이나 밴드든 아니면 수학이나 영어든, 아이들이 가장 중요하게 여기는 것 말이에요.
저희는 풋볼 따위가 아니라 수학이 정말 중요하다는 식으로 타이르지 않았어요.
어떤 학생에게 풋볼이 가장 중요하다면 그 학생이 풋볼을 계속할 수 있도록 무엇이든 해 주려고 했어요.
그러자 아이들이 달라졌어요.
우리가 자신들에게 중요한 것을 중요하게 여겨 준다는 것을 차츰 느끼더니 그 보답으로 우리가 중요하게 생각하는 것을 해 주기 시작했어요.
······
수학을 좋아하지 않지만 수학 선생님을 실망시키고 싶지 않다는 마음을 가지게 되었죠.
— Robinson, 2015: 33~34 —

스키모토중학교는 가난한 학생이 많고 열악한 지역에 위치한 학교이다. 그래서 교장 선생님도 부임한 지 1년을 넘기는 경우가 드물 정도였다. 그럼에도 불구하고 새 교장 선생님은 학교에 커다란 변화를 가져왔다. 학생들을 있는 그대로 인정하고 학생들이 관심 있는 것을 공부할 수 있는 환경을 만들어 주자, 학생들의 성적이 오르고 국가 학업 성취도 검사 점수도 상위권으로 올라섰다. 스키모토중학교라는 데쓰 밸리에 적절한 조건이 갖추어지자 꽃이 만발한 초원으로 변한 것이다. 학생 각자의 관심, 개별성, 창의성을 인정해 주자 학교에서 놀라운 변화가 일어난 것이다.

학교가 창의성을 죽이는가? 로빈슨에 따르면 단언컨대 학교는 학생의 창의성을 죽인다. 왜냐하면 19세기 공장을 모델로 삼아 표준화와 효율성에 기반한 기계적·산업적·경영적 개념을 도입한 학교가 21세기에도 여전히 건재하기 때문이다. 이러한 공장 교육 모형에서는 표준화, 명령과 통제, 순응 등의 문화가 지배적이고, 이런 문화 속에서는 다양성, 호기심, 창의성이 설 자리가 없다. 따라서 학교가 창의성을 죽이지 않기 위해서는 표준화, 명령과 통제, 순응에 기반한 학교 문화를 다양성, 호기심, 창의성 가치에 기반한 학교 문화로 바꾸려는 노력이 필요하다.

3부 세계의 혁신적인 학교들

> 여기에서는 같은 곳에 있으려면 쉬지 않고 힘껏 달려야 해.
> 어딘가 다른 데로 가고 싶으면 적어도 그보다 두 곱은 빨리 달려야 하고.
> My dear, here we must run as fast as we can, just to stay in place.
> And if you wish to go anywhere, you must run twice as fast as that.
> – Lewis Carroll, 『Alice in Wonderland』 –

4차 산업 혁명 시대를 대비하여 학교는 어떻게 바뀌어야 하는가? 이미 새로운 방향으로 힘차게 달리기 시작한 세계의 혁신적인 학교들을 살펴보면 많은 아이디어를 얻을 수 있을 것이다. 3부에서는 4개의 초·중등학교 사례와 4개의 대학교 사례를 살펴보고자 한다. 여기에 소개되는 학교들은 스탠포드대학교를 제외하고는 처음부터 기존 학교 교육을 개혁하려는 의도로 설립된 것들이 대부분이다. 소개된 초·중등학교들은 모두 최신의 테크놀로지를 적극 사용한다는 것이 공통점이며, 첨단 기술을 이용하여 학생 개인의 필요에 가장 적합한 교육을 실시하는 것에 중점을 두고 있다. 4개의 초·중등학교 사례로는 미국의 '칸 랩 스쿨Khan Lab School', 네덜란드의 '스티브 잡스 스쿨Steve Jobs School', 미국의 '메트고등학교

The MET High School', 덴마크의 '외레스타드 김나지움Oerestad Gymnasium' 을 살펴본다. 그리고 4개의 대학교 사례로는 미국 스탠포드대학교 의 '스탠포드 2025Stanford 2025', 미국의 '올린공과대학교Olin College of Engineering', 캐나다의 '퀘스트대학교Quest University', 미국에 본부를 두 되 여러 나라에서 기숙사를 운영하는 '미네르바 스쿨Minerva School' 을 살펴볼 것이다. 이 대학들은 스탠포드대학교를 제외하고는 모두 기존의 대학 교육에 한계를 느끼고 새로운 교육 철학으로 혁신적 교육 방법을 도입한 대학들이다. 이들은 미래 사회에서 필요한 인재들은 현재와는 다른 형태로 교육받아야 한다는 믿음으로 교육과정과 학사 운영을 완전히 혁신했다. 현재 한국도 여러 형식으로 학교 교육을 혁신하려고 노력하고 있기는 하지만, 이러한 선진 사례들을 보면 '정말 두 곱은 더 빨리 달려야 외국 학교들과 같은 교육 혁신을 만들어 낼 수 있지 않은가?' 하는 생각이 든다.

1. 미국의 '칸 랩 스쿨': 첨단 테크놀로지를 활용하여 완전 학습과 개별 학습을 실천하는 학교

무료 강의 동영상을 유튜브에 올려 많은 반향을 불러일으킨 '칸 아카데미Khan Academy'를 설립했던 살만 칸Salman Khan은 2014년 미국 실리콘 밸리에 '칸 랩 스쿨'을 설립했다. 처음에는 5세부터 15세까지의 학생들을 위한 학교였던 칸 랩 스쿨은 2017년에 고등학

교 과정도 개설함으로써 명실공히 K-12 교육을 실시하는 학교가 되었다. 칸의 동영상 강의는 무료이지만 칸 랩 스쿨은 학비가 연간 약 3만 달러(초등학교 28,350달러, 중학교 30,450달러, 고등학교 33,600달러)에 달하는 사립 학교이다. 칸 랩 스쿨의 '역사 소개란'에는 "칸 아카데미 설립 후 8년, 『나는 공짜로 공부한다The One World Schoolhouse: Education Reimagined』라는 책 발행 후 2년 만에 칸 랩 스쿨을 설립했다."라고 되어 있다. 칸 랩 스쿨은 칸 아카데미와 『나는 공짜로 공부한다』라는 칸의 책과 떼려야 뗄 수 없는 관계를 맺고 있음을 알 수 있다. 이 학교는 칸이 2012년에 출간한 『나는 공짜로 공부한다』에 제시된 교육 철학에 기반하여 운영하고자 설립한 학교이다.

그렇다면 이 책에는 어떤 내용이 담겨 있는가? 이 책에서 칸은 현재 학교 교육의 문제와 대안을 모두 제시하고 있다. 칸이 제시하고 있는 문제부터 살펴보자. 그는 현재 학교는 약 200년 전에 도입된 프러시아Prussia 교육 모델, 즉 교사와 학생을 통제하고 관리하는 '망가진 교육 모델the broken model'에 기반하고 있다고 지적한다. 여기서 '망가진 교육 모델'이란 매우 경직되어 있고 획일적으로 표준화된 교육을 일컫는다. 교사가 주로 말하고 학생들은 듣기만 하는 수업, 학생들이 커리큘럼 너머 탐구해서는 안 된다는 규칙, 벨이 울리면 이전의 학습을 중단하고 정해진 다음 수업으로 이동해야만 하는 상황, 인간 사고의 광대하고 아름다운 측면을

'과목'이라는 관리 가능한 덩어리들로 인위적으로 쪼개는 것, 해류처럼 하나에서 다음으로 자연스럽게 흘러야 할 개념들이 '단원'이라는 장벽에 가로막혀 있는 상황 등이다.

이에 칸은 어떤 대안을 제시하는가? 그는 개인 맞춤형 교육을 강조한다. 수업 진도는 개별 학생의 요구에 맞춰져야 하며, 상급 과정으로의 진급은 먼저 기본 개념을 완전히 학습한 다음에 이루어져야 한다. 왜냐하면 커리큘럼은 표준화할 수 있을지 모르지만 개인의 배움은 결코 표준화할 수 없기 때문이다. 개인 맞춤형 교육은 지금의 발전된 테크놀로지를 활용한다면 충분히 가능하다. 그리고 테크놀로지는 교실을 이전보다 더 인간적으로, 교사를 이전보다 더 중요한 존재로 만들 수 있다. 교실 수업을 혁신하는 방향으로 테크놀로지를 활용할 경우, 예전에는 교사가 직접 수행해야 했던 많은 일을 이제는 테크놀로지가 수행할 수 있게 된다. 그러면 교사는 더 많은 시간을 학생과 일대일로 만나면서 진정한 상호 작용을 할 수 있게 되고 학교에서 창의성을 길러 주는 다양한 교육도 할 수 있을 것이다. 물론 첨단 테크놀로지만을 도입한다고 해서 교육 문제가 해결될 수 있는 것은 아니다. 교육 방법 자체를 새롭게 바꾸어야 한다. 더 나아가 교육의 목표와 평가 등 많은 것들이 함께 바뀌어야 한다.

교실 수업의 혁신과 관련해서 칸이 제시한 한 가지 제안을 살펴보자.

나이대가 뒤섞인 학급의 당연한 결과로 나는 학생 대 교사 비율은 유지하되 교실들을 합치자고 제안하고 싶다. 이 경우에는 모든 학생이 각자 자신의 속도에 따라 공부하므로 학생들이 한 명의 교사에게서 수업을 받도록 설계된 교실의 인위적 구획이 더 이상 필요 없다. 분명히 말하지만 나는 교사의 수를 줄이거나 늘리자는 주장을 하는 게 아니다. 그렇지만 25명의 아이들과 한 명의 외로운 교사가 있는 서너 개의 분리된 교실보다 75~100명의 학생들이 서너 명의 교사들과 함께 있는 하나의 교실을 제안하겠다. 내가 보기에 이 같은 방식은 유연성의 향상이라는 확실한 장점을 가지고 있다(Khan, 2013: 238~239).

25명의 학생들이 한 명의 교사와 같이 있는 서너 개의 교실과 75~100명의 학생들이 서너 명의 교사들과 함께 있는 하나의 교실, 둘 중에서 어느 것이 교육적으로 더 바람직한가? 각각 나름의 장단점을 지니고 있기 때문에 둘 중에서 어느 하나를 선택하는 것은 결코 쉽지 않을 것이다. 그러나 다음의 질문은 던져 볼 수 있다. 왜 우리 학교에서는 전자만이 있고 후자는 없는가? 어떤 시기, 지역, 상황에서도 전자가 후자보다 교육적으로 더 바람직하다고 할 수 있는가? 칸은 첨단 테크놀로지를 활용할 수 있는 시대에서는 전자의 대안으로 후자가 가능하다고 본다. 그 이유는 무엇일까? 몇 가지 정리해 보자. 첫째, 한 명의 교사가 활용할 수 있는 교수 기술은 제한되어 있기 때문에 학생들이 그 교실에서 배울 수 있는 것에는 한계가 있다. 이에 비해 여러 명의 교사가 있는 교실에서 학생들이 배울 수 있는 것은 기하급수적으로 (좀 더 정확히 말해 '순차 곱셈'의 방식으로) 늘어난다. 둘째, 한 교실에서 여러 명의 교사가 함께 학생들을 지도할 경우에는 각각의 교사는 자신이 가장 잘할 수 있는 일에 집중할 기회를 가질 수 있다. 그러면 학생들은 서로 다른 교사들로부터 미묘한 차이가 있는 관점들을 접하면서 비판적인 사고 능력을 기르고 다양한 관점과 의견이 있는 세상에 더 잘 적응하는 준비를 할 수 있다. 셋째, 한 교실에 여러 명의 교사가 있으면 학생들은 자신과 정서적으로 더 잘 맞는 교사를 발견할 가능성이 더 높을 것이다. 넷째, 한 교실에 같이 있는 교사들은 전문적인 교류를 더 자주 하고 동료의 지원을 실시간으로 받을 수 있기 때문에 업무 스트레스를 대폭 줄일 수 있을 것이다. 이외에도 한 교실에 여러 명의 교사가 있게 될 경우 교사가 휴가를 얻는 것이 더 쉬워지고, 대체 교사를 구해야 하는 상황 등의 문제가 더 쉽게 해결될 수 있을 것이다.

이처럼 첨단 테크놀로지의 활용으로 한 교실에서 여러 명의 교사가 함께 지도하는 방식으로 수업을 혁신할 수 있기 때문에 칸은 학습의 미래는 매우 낙관해도 좋다고 말한다. 학교 교육에서 테크놀로지를 적극 활용함으로써 교실과 교육 모두 진정으로 인간화시키는 것이 가능하다.

그렇다면 이런 철학에 근거하여 설립되고 운영되는 칸 랩 스쿨의 교육적 특징은 무엇인가? 칸 랩 스쿨의 주된 특징 중의 하나는 '연령에 근거한 학년 편성' 대신에 '독립성 수준level of independence에 근거한 학습 집단 편성'이다. 칸 랩 스쿨에서는 학생 스스로 학습할 수 있는 역량, 즉 독립성 수준에 따라 학습 집단을 편성한다. 이 학교에서는 K-12 교육을 6개의 독립성 수준 집단으로 편성한다. 초등학교 과정은 1~4수준 학습 집단으로 편성하고, 중학교 과정은 5수준 학습 집단으로 편성하며, 고등학교 과정은 6수준 학습 집단으로 편성한다. 학교는 학생들이 각 독립성 수준에 맞는 습관이나 역량을 습득하였는지 진단하여 각 학생을 적절한 수준의 반에 배치한다. 독립성 수준 진단에서는 학습 동기, 의미, 공감, 창의성 등이 중요한 요소가 된다. 새로운 학생이 전학 올 경우, 연령대가 비슷한 학생이 많은 독립성 수준 반에 임시 배치한 후 2주간 관찰과 평가를 통해 적절한 수준의 독립성 반으로 재배치한다. 하나의 독립성 수준 반에서는 3년까지 머물 수 있으며, 1년에 두 차례 3학기를 마친 3월이나 5학기를 마친 9월에 수준 진급이 가능하다. 자신의 독립성 수준이 높아졌다고 판단하여 수준 진급을 원하는 학생은 담당 자문 교사lead advisor에게 승급을 신청한다. 자문 교사는 부모의 피드백을 받은 다음 학생이 더 큰 독립성을 다룰 능력이 있는지, 정서적으로 성숙한지 등 여러 상황을 종합적으로 검토하여 최종적으로 수준 진급 여부를 결정한다.

칸 랩 스쿨의 또 다른 특징은 '완전 학습 기반mastery-based', '학생 중심student-centered' 교육을 실시한다는 점이다. 칸 랩 스쿨에서는 학생 중심의 개별화 교육을 실천하는 것을 중요시한다. 칸 랩 스쿨의 학교 모토 중의 하나는 '모두가 가르치는 교사이며, 모두가 배우는 학생Everyone's a teacher. Everyone's a student'이다. 즉, 모두가 가르치면서 배우는 사람이며 학교는 배움의 공동체이다. 기초가 부실한 건물에 윗층을 계속해서 쌓아 올리면 무너질 수밖에 없듯이 기초가 마스터되지 않은 상태에서 다음 단계로 나아가면 부실이 커져 이후에는 제대로 학습할 수 없게 된다. 따라서 해당 단계 내용을 철저하게 학습한 후 다음 단계로 나아가야 한다. 칸 랩 스쿨에서는 학생들을 돕기 위해 어드바이저advisor라 불리는 담임 교사, 내용 전문가, 교사 등이 한 팀이 되어 움직인다. 이들은 학생들의 자기 주도 학습이 제대로 이루어지지 않을 경우 팀으로 진단하고 지원한다.

칸 랩 스쿨의 일과는 자기 속도 학습self-paced worktime, 소집단 세미나, 프로젝트 기반 학습project-based learning 등 세 종류의 활동으로 채워진다. 칸 랩 스쿨의 하루는 아침 8시 30분에 시작하여 저녁 6시에 끝난다. 학생들은 대부분의 시간을 '목표 시간goal time' 또는 '자기 소유 시간ownership time'이라고 불리는 자기 속도 학습 시간으로 보낸다. 여기서 '목표 시간' 또는 '자기 소유 시간'이란 학생 스스로 설정한 목표를 달성하기 위해 자신이 주인이 되어 자기 속도에 맞추어 스스로 공부한다는 의미에서 붙여진 이름이다. 나머지 시간에는 소규모 세미나에 참석하거나 스튜디오 시간studio time이라고 불리는 '프로젝트 기반 학습'을 수행한다. 독립성 수준이

다른 학생들이 함께 섞여 세미나를 진행하며, 세미나 참석자는 학기마다 새로운 학생들로 재편성된다. 오전 8시 30분부터 오후 4시까지 정규 수업이 끝나면, 오후 4시부터 6시까지 방과 후 활동extended day program이 시작된다. 방과 후 활동 시간에는 주로 드라마, 음악, 미술, 체육, 스포츠와 댄스, 로봇, 토론, STEM, 수학 올림피아드, 힌두어나 독일어 등 세계 언어, 그리고 대입 시험(SAT, ACT, AP 등) 관련 학습 활동을 한다. 고등학교의 하루 일과표를 예시로 제시하면 다음과 같다.

[표 1] 칸 랩 스쿨의 하루 일과표(고등학교)

시간	내용
8:30 ~ 9:00	목표 시간goal time, 상담 시간office hour
9:15 ~ 9:20	이동 시간
9:20 ~ 10:45	일대일 시간 (30분) 목표 시간 (55분)
10:45 ~ 10:55	오전 휴식 시간
10:55 ~ 12:20	컴퓨터 과학computer science (세미나 시간: 40분) 목표 시간 (45분)
12:20 ~ 13:00	점심시간
13:00 ~ 14:25	외부 활동 시간outer wellness (40분) 목표 시간 (45분)
14:25 ~ 14:30	이동 시간
14:30 ~ 16:00	스튜디오 시간(프로젝트 기반 학습 시간: 90분)
16:00 ~ 18:00	방과 후 활동 시간

'목표 시간' 또는 '자기 소유 시간'에 학생들은 자신이 스스로 정한 목표를 달성하기 위해 교육용 프로그램이 깔린 스마트 패드를

활용하여 필요한 공부를 한다. 학생들이 스마트 패드로 학습하면 교사의 스마트 패드에는 학생 각각의 수업 진행 상황이 뜬다. 순조로이 학습이 진행되는 학생들은 파란색으로, 문제를 풀면서 어려움을 겪는 학생들은 노란색으로, 문제를 아예 풀지 못하거나 반복해서 틀리는 학생들은 빨간색으로 표시된다. 그러면 교사는 노란색이나 빨간색으로 표시된 학생들 곁으로 다가가 필요한 도움을 주거나 관련 문제를 이미 끝마친 학생이 어려움을 겪는 학생을 도와주도록 요청하기도 한다. 학생들은 자신의 속도에 따라 학습할 수 있고 필요한 순간에는 적절한 도움을 받을 수 있다.

칸 랩 스쿨에서 평가는 어떻게 이루어지는가? 학생들은 진단 평가, 형성 평가, 총괄 평가뿐만 아니라 목표 달성 여부 체크goal tracking, 일대일 면담 평가, 온라인 학습 결과 자료의 리뷰 평가 등을 받는다. 학생은 자신에게 의미 있는 학습 목표를 세우고 자신의 학습과 발달을 책임지는 자세 등을 배운다. 학생은 담임 교사와 일주일에 한 번 일대일로 만나 자기 주도 학습에 대해 다음과 같은 질문으로 점검을 받는다. '목표를 달성했는가? 달성하지 못했다면 왜 못했는가? 어느 수준까지 내가 학습해야 하는가? 성공적인 것이 있다면 무엇이고, 해결해야 할 문제가 있다면 무엇인가? 공부하는 방법 중에서 바꿔야 할 것은 없는가?' 이러한 평가는 등수를 매기기 위한 평가라기보다는 학생의 학습을 돕기 위한 평가이다. 이외에도 칸 랩 스쿨에서는 학부모·교사와 함께하는 학생 주도 콘퍼런스, 포트폴리오, 학기 전시회term exhibitions 등이 있다. 학생은 1년에 세 차례 학부모·교사와 함께하는 학생 주도 콘퍼런스를 개최해야 한다. 여기서 학부모, 교사, 학생이 함께 학생의 학업 발달과 사회성 발달에 대해 협의한다. 그리고 1년을 5개 학기로 나누어 운영하는 칸 랩 스쿨에서는 매 학기마다 학기 전시회를 개최한다. 이 전시회를 통해 학생들은 자신이 공부한 내용을 가족과 친구들에게 보여 준다. 요컨대 칸 랩 스쿨에서는 모든 학생이 자신의 수준과 속도에 맞춰 공부하고 이런 학습에 도움을 주기 위한 평가가 수시로 이루어지며, 학습한 결과를 교사, 학부모, 친구들에게 공개하는 행사도 갖는다.

첨단 테크놀로지를 교육에 활용하는 학교는 칸 랩 스쿨 외에도 구글 출신 벤처 사업가이자 데이터 과학자인 맥스 벤틸라Max Ventilla가 세운 '알트 스쿨alt school'을 들 수 있다. 그런데 이 두 학교는 설립 배경, 운영 방식, 그리고 운영 목표에 있어서 크게 차이가 난다. 칸 랩 스쿨은 랩lab이라는 명칭에서 알 수 있듯이 실험 학교의 성격이 강하다. 칸 랩 스쿨은 학교 교육에 대한 모든 것, 즉 교육 결과뿐만 아니라 다양한 교수·학습 자료까지도 모두 공개하는 것을 원칙으로 하고 있다. 칸 랩 스쿨은 벤처 캐피탈을 활용하기보다는 기업가나 자산가의 기부에 의존하여 운영된다. 그래서 세계적인 기업인 구글이나 빌 게이츠 재단 등에서 많은 기부금을 지원받았다. 이에 반하여 알트 스쿨은 벤처 캐피탈을 끌어들여 세운 학교이기 때문에 무엇보다도 수익을 내야 하는 부담을 지닌 학교이다. 따라서 알트 스쿨은 학교 운영보다는 영리 사업인 프로그램 개발에 더 많은 관심을 기울였고, 최근 들어 학교 교육에 대한 학부모들의 불만이 커지면서 절반 이상의 학교를 폐쇄하는 상황에 처하기도 하였다.

첨단 테크놀로지를 활용하여 운영하는 미래 학교를 만들려는 두 기관, 비영리 기관인 칸 랩 스쿨과 영리 기관인 알트 스쿨은 2018년 현재 전혀 다른 상황에 직면해 있다. 현 시점에서 성공적인 칸 랩 스쿨과 문 닫는 알트 스쿨의 대비가 두드러진다. 이런 알트 스쿨의 사례는 아무리 첨단 테크놀로지를 사용한다고 하더라도 학교 교육의 목표가 이익 창출에 있다면 성공하기 어렵다는 것을 잘 보여 주는 것 같다. 그러나 칸 랩 스쿨의 성공 역시 조심스러운 것도 사실이다. 엄청난 투자가 있어야만 한다는 것을 보여 주기 때문이다. 그러나 다양한 교수·학습 자료가 더욱 더 개발되고 공유된다면 재생산에 추가 비용이 들지 않는 것이 4차 산업 혁명의 특징이기 때문에 엄청난 확산과 혁신이 가능해 보이기도 한다. 종전의 테크놀로지로는 완전 학습과 개별 학습을 동시에 이루기 위해서 엄청난 인력과 재정이 투입되어야 하겠지만, 4차 산업 혁명 시대에는 교육 프로그램과 소프트웨어의 개발이 일단 한 번 이루어지면 많은 학생은 추가 비용의 투입 없이 그 성과를 누릴 수 있다. 바로 이런 이유로 칸은 1920년대에 부유한 동네인 위네트카Winnetka에서 시도되었던 완전 학습의 하나인 위네트카 플랜 Winnetka Plan이나 1960년대에 실험적으로 도입된 벤자민 블룸의 완전 학습이 4차 산업 혁명 시대에는 모든 학생을 위해 실행 가능한 대안이라고 주장한다.

2. 네덜란드의 '스티브 잡스 스쿨': 아이패드를 활용하여 개인 맞춤형 교육을 실시하는 학교

스티브 잡스 스쿨은 네덜란드 여론 조사 전문가이자 창업자인 모리스 드 혼드Mauris de Hond가 2013년에 암스테르담 등에 설립한 7개의 초등학교이다. 교육의 다양성과 풍부한 선택권으로 유명한 네덜란드이지만, 드 혼드가 보기에 최신 테크놀로지를 활용하는 학교를 찾기란 쉽지 않았다. 드 혼드는 아이패드를 통해 이미 많은 것을 배우고 있는 3살짜리 딸이 다닐만한 학교를 찾고자 했으나 발견하지 못했다. 그는 대부분의 학교가 자신이 30년 전에 다녔던 학교와 비슷한 환경에서 비슷한 방식으로 교육하고 있다는 사실에 크게 실망하였고, 박물관에나 적합할 것처럼 보이는 '구식' 학교에 자신의 딸을 보내고 싶지 않았다. 그래서 고민 끝에 드 혼드는 이미 아이패드에 익숙해진 자신의 딸이 다니기에 적합한 학교인 '스티브 잡스 스쿨'을 설립했다. 2016년 기준으로 네덜란드 35개 공립 학교가 스티브 잡스 스쿨의 교육 모델을 채택했으며,

남아프리카 공화국에도 2개의 스티브 잡스 스쿨이 생겼다. 스티브 잡스 스쿨은 애플 창업자인 스티브 잡스와는 직접적인 관련이 없는 학교이다. 학교 설립자인 드 혼드가 아이폰과 아이패드 등의 발명으로 인류의 삶을 획기적으로 바꿔 놓은 스티브 잡스를 존경하여 '새로운 시대를 위한 교육education for a new era' 원리에 따라 학생들을 가르치는 학교를 설립하였고, 그 학교에 '스티브 잡스 스쿨'이라는 이름을 붙였을 뿐이다.

스티브 잡스 스쿨은 한편으로 학생 개개인이 지닌 재능을 계발시키고, 다른 한편으로 ICT와 정보 처리 능력, 협업 능력, 비판력·창의력·문제 해결력과 같은 21세기 역량을 길러 주는 것을 목적으로 삼고 있다. 아이패드를 활용하여 개인 맞춤형 교육을 실시하는 이 학교에는 교과서도 없고 교실도 없으며, 정해진 수업 시간표도 없다. 학생들은 1년 365일, 하루 24시간 언제라도 아이패드를 통해 '가상 학교virtual school'에 접근할 수 있다. 그래서 부모들은 자기 자녀가 언제 학교에 갈지, 방학은 언제 할지 등을 결정할 수 있다. 부모들은 학교가 제공한 앱으로 자녀가 학교에서 온종일 무엇을 하는지 확인할 수도 있다.

스티브 잡스 스쿨에서는 'O4NT 접근법'을 활용하여 교육한다. O4NT란 '새로운 시대를 위한 교육Onderwijs Voor een Nieuwe Tijd'의 네델란드 말의 약어이다. O4NT는 스티브 잡스 스쿨을 움직이는 교육의 기본 방침인 셈이다. O4NT 접근법은 다음과 같은 8가지 특징을 지닌다. 첫째, 모든 학생에게 '코치'라는 교사가 배정된다. 매 6주마다 각 학생의 '개인 발달 계획'을 협의하기 위해 교사, 학생, 학부모가 참석하는 콘퍼런스가 열린다. 지난 6주 동안 무엇을 성취했는지 평가하고, 다음 6주를 위한 목표를 설정한다. 둘째, 모든 학생에게 집 또는 학교에서 주 7일 하루 24시간 내내 사용이 가능한 아이패드를 제공한다. 셋째, 수학과 언어 학습을 위해서 '적응적인 상호 작용 프로그램/웹adaptive interactivity program/web'을 사용한다. 학생들은 매일 일정량의 수학과 언어를 학습해야 하며, 주로 '조용한 광장quiet plaza'에서 학습한다. 넷째, 최대 네 살까지 차이 나는 20~30명의 학생들로 코어 집단을 구성하고, 이들은 함께 하루를 시작하며 끝마친다. 다섯째, 많은 시간 동안 교사들은 수학 방, 언어 방, 창의성 방, 테크놀로지 방 등에서 활동하는 교과 전문가가 된다. 그곳에서 교사는 워크숍을 하기도 하고, 학생의 프로젝트를 지원하기도 한다. 여섯째, 발달 정도 그리고 매 6주마다 이루어지는 협의 결과에 근거하여 학생들은 여러 선택 프로그램 중에서 선택하여 참여한다. 워크숍에 참석한 학생들은 원칙적으로 동일한 수준에 있는 것으로 가정된다. 일곱째, 학생들은 스스로 또는 독립적으로 언어나 수학을 공부하기 때문에 교사의 도움 없이도 학업 능력을 기를 수 있다. 여덟째, 부모들은 자신의 직업, 취미, 역사나 문화유산 등에 대한 워크숍을 수행하는 등 학교에서 적극적인 역할을 수행해야 한다.

스티브 잡스 스쿨은 일반 학교와 구별되는 다음과 같은 특징을 가지고 있다. 첫째, '학급classes' 대신에 '코어 집단core groups'을 편성한다. 스티브 잡스 스쿨에서는 연령에 따른 학급 편성 대신 최대 네 살까지 차이가 있는 학생 25명으로 코어 집단을 편성한다. 둘째, 학교에는 코치와 교과 전문가가 있다. 학급에서 학생들에게 지식을 전달해 주는 교사는 더 이상 없으며, 개별 학습이나 집단 프로젝트를 수행하는 학생들을 지원하는 코치가 있다. 코치는 학생들이 학교에서 계속해서 접촉하고 상담해야 하는 사람으로 일종의 담임 역할을 수행한다. 코치는 학생 개개인의 학업 수행을 관찰할 뿐만 아니라 매 6주마다 '개인 발달 계획'과 관련하여 학생을 평가한다. 그리고 학생들은 초등학생임에도 한 교사에게 모든 교과를 배우기보다는 여러 교과 전문가에게 관련 교과 학습의 도움을 받는다. 학생들은 학교에서 자신만의 학습 계획에 따라 언어 방, 수학 방, 창의성 방, 테크놀로지 방 등 다양한 교과 방을 옮겨 다닌다. 셋째, 학생들은 등교 시간을 8시 30분이나 9시 30분 중에서 선택할 수 있다. 8시 30분에 학교에 오는 학생들은 자신의 코치 방에서 공부하거나 '놀이방play studio'에서 논다. 넷째, 하루 일과는 9시 30분에서 10시까지 코어 집단 활동, 10시 30분에서 12시까지 개별 학습, 12시 30분에서 14시 30분까지 워크숍, 프로젝트, 스포츠 활동 등 14시 30분에서 15시까지 코어 집단 활동으로 나뉜다. 학생의 하루는 30분간의 코어 집단 활동으로 시작해서 30분간 코어 집단 활동으로 마친다. 코어 집단 활동 시간에는 아동의 사회·정서적 발달을 돕기 위해 많은 아동이 관심을 가지는 사건이나 사물에 대해 집단 토론을 하기도 한다. 오전의 개별 학습 시간에는 주로 언어 방, 수학 방, 세계 방 등에서 교과 전문가의 도움을 받으면서 주로 개별 학습을 진행한다. 이때 학생은 자신의 수준과 속도에 맞춰 학습한다. 오후 시간에는 다양한 워크숍이나 프로그램 중에서 선택하여 집단 활동을 수행하고, '조용한 광장'에서 매일 60개의 계산 문제와 60개의 언어 문제를 풀어야 한다.

스티브 잡스 스쿨의 성과는 어떠한가? 교사들은 스티브 잡스 스쿨의 성과로 대체로 3가지를 언급한다. 첫째, 훈육 문제가 줄어들었다. 학생들은 자신이 스스로 설정한 목표에 따라 수업을 선택하여 참여한다. 그리고 아이패드를 가지고 공부한다. 그래서 학생들 간의 괴롭힘 문제나 학교 폭력 문제가 줄어들었다. 둘째, 교사들의 채점, 과제 점검 등 학생의 학습 지도 관련 잡일이 줄어들었다. 이런 문제들은 컴퓨터가 알아서 대신해 준다. 그래서 교사는 학생 개개인과 좀 더 많은 시간을 보낼 수 있다. 셋째, 학생들이 행복해한다. 왜냐하면 누가 시켜서 하는 공부가 아니라 스스로 선택해서 하거나 스스로 해야 한다고 판단해서 계획한 공부를 하기 때문이다. 교사 역시 학교라는 시스템을 위해 일하기보다는 학생 개개인의 학습을 돕는다는 교사 본유의 사명을 충분히 살릴 수 있어서 행복하다고 말한다. 요컨대 스티브 잡스 스쿨에서는 교사와 학생 모두 행복해한다.

스티브 잡스 스쿨의 설립자인 드 혼드는 낡은 교육 체제를 지속시키면서 첨단 테크놀로지만 더하는 혁신 방식보다는 낡은 교육 체제 자체를 근본적으로 혁신할 것을 주장한다. 달리 말하면 교육 혁신에서 중요한 것은 첨단 테크놀로지가 아니라 교육에 대한 생각을 바꾸는 것이다. 그래서 스티브 잡스 스쿨은 예전의 낡은 교육 체제를 유지하면서 단순히 첨단 테크놀로지를 활용하는 학교라기보다는 '새로운 시대에 적합한 교육O4NT'을 하기 위해 학교 교육 체제를 근본적으로 혁신하려는 학교이다. 그러나 최근 들어 일부 스티브 잡스 스쿨이 아이패드를 활용하는 개인 맞춤형 교육을 포기하고 이전의 교육 방식으로 되돌아가는 상황이 발생하고 있다. 주된 원인은 학생당 월 9유로에 해당하는 교육 프로그램 사용 비용의 부담 때문으로 알려져 있다. 그러나 스티브 잡스 스쿨이 일반 학교보다 더 혼란스럽고 학생들의 시험 성적도 기대만큼 좋게 나오지 않았기 때문이라는 해석도 있다. 스티브 잡스 스쿨의 미래가 자못 궁금해진다.

3. 미국의 '메트고등학교': 자기 주도 학습과 인턴을 통해 학습하는 학교

'메트고등학교'는 미국 북동부의 로드 아일랜드Rhode Island주에 위치한다. 로드 아일랜드는 미국에서 면적이 가장 작은 주이다. 인구도 약 100만 명에 불과하다. 주 정부는 학업 중단, 갱 가입 및 폭력 등으로 얼룩진 고등학교 교육을 개혁하고자 새로운 고등학교 설립 채권을 발행하는 방안을 주민 투표를 통해 통과시켰다. 새로운 고등학교를 운영할 경영진을 전국 단위로 공모하여 데니스 리트키Dennis Littky와 엘리엇 워셔Elliot Washor가 선정되었고, 이들이 새롭게 시작한 학교가 바로 메트고등학교이다. 이 학교는 학생들이 학교 교실보다는 실제 삶의 세계에서 더 많은 것을 경험하며 학습할 수 있다는 교육 철학하에 고등학교 교육의 개혁을 시도하였다.

메트고등학교는 수업도 없고 등급도 매기지 않지만 학생의 졸업률이 최상위 수준인 95% 정도에 이르며, 졸업생의 대부분이 대학에 진학하는 것으로 알려져 있다. 이런 성과를 낼 수 있었던 비결은 무엇일까? 이 학교의 특징에서 그것을 찾을 수 있다. 메트고등학교는 학생이 관심과 열정을 갖는 분야에서 학생 스스로가 자기 주도 학습과 인턴 학습을 함께 하도록 하였다. 이 학교에는 모든 학생이 알아야 할 공통의 정보나 지식이 존재하지 않는다. 왜냐하면 몇 년마다 정보나 지식이 두 배씩 늘어나는 지금의 세상에서 학생이 알아야 할 가장 중요한 것은 '학습하는 방법'이기 때문이다. 그래서 메트고등학교 졸업생들은 스스로 사고하고 친구들과 함께 문제를 해결하며, 지역 사회의 협력적인 구성원이 되는 방법을 배운다. 무엇보다 학교는 학생들을 교사의 통제가 필요한 10대 청소년으로 대하기보다는 다 자란 성인으로 간주하면서 학생들이 자신의 관심과 열정, 미래 직업 등을 고려하여 스스로 학습 계획을 세우고 이를 실현하기 위해 책임감을 가지고 학습하도록 유도한다. 즉, 학생이 스스로 자신의 학습 계획을 세울 뿐만 아니라 책임도 지도록 교육한다.

메트고등학교의 특징을 조금 더 구체적으로 살펴보자. 먼저 자기 주도 학습과 관련된 메트고등학교의 주요 특징은 다음과 같다. 첫째, 이 학교는 학교 운영의 제1 원리로 '한 번에 한 학생을 교육하기 to educate one student at a time'를 강조한다. 각 학생의 관심과 열정에 맞는 개별화된 교육을 제공한다는 점에서 모든 학생을 평등하게 대한다. 그리고 학생은 학교 안팎에서 자신의 관심이나 필요와 관련해서 일대일 또는 소집단으로 학습한다. 일반 고등학교에서 진행하는 종류의 그런 교실 수업은 없다. 둘째, 학습의 개별화를 강조한다. 학생, 학부모, 어드바이저라 불리는 담임 교사, 그리고 인턴 멘토가 함께 참석하는 협의회에서 학생의 '개별 학습 계획'을 마련한다. 학생의 학습은 철저하게 학생 개인의 관심, 열정, 재능, 미래 직업 등 필요에 근거하여 이루어진다. 학습의 이런 개별화 과정은 학생 개인에게 가장 좋은 것, 가장 많이 도움이 되는 것을 제공하기 위한 것이다. 담임 교사는 학생의 성장을 돕기 위해 학생 각자에게 적절한 도전적인 과제와 지원을 제공한다. 셋째, '자문 구조advisory structure'라 불리는 독특한 학생 지도 체제를 갖추고 있다. 이 학교는 15명 안팎의 학생들과 한 명의 담임 교사로 구성된 자문 집단, 즉 학급을 운영한다. 이 자문 집단은 4년간 지속되며, 학생들은 이를 '가정home' 또는 '제2의 가족'이라고 부를 정도로 친밀감이 유지된다. 담임 교사는 학생의 개별화된 학습 계획과 인턴 프로그램 등을 관리한다. 담임 교사는 학생뿐만 아니라 학생 가족도 잘 알아야 하므로 가정 방문도 하고 학생과 일대일 상담 시간도 자주 갖는다. 담임 교사는 학생에게 자신의 전공 분야를 강의하기보다는 각 학생의 성장을 돕기 위해 필요하다고 생각되는 다양한 활동을 수행한다. 담임 교사는 학생들에게 친구, 선배, 학부모, 상담가, 코치 등의 다양한 역할을 수행한다.

다음으로 메트고등학교의 또 다른 특징인 인턴제에 대해 살펴보자. 첫째, 이 학교는 '실제 삶의 세계에서 배움learning in the real world'을 강조한다. 이는 '관심 있는 분야를 인턴십을 통해 학습하기learning through interests and internships'라는 원칙으로 표현된다. 학생은 자신이 관심과 흥미를 지닌 분야의 전문가인 멘토 아래서 인턴 생활을 하면서 학습한다. 학생은 미용실, 빵집, 자동차 정비소, 건축 사무실, 방송국, 학교 행정 등 다양한 분야에서 인턴직을 수행할 수 있다. 둘째, 인턴을 과외 시간이나 특정 기간에 집중해서 하기보다는 정규 수업의 일환으로 실시한다. 학생들은 일주일에 두 차례, 매주 화요일과 목요일에는 학교에 출석하는 대신에 인턴하는 근무 장소로 출근한다. 그래서 화요일과 목요일에 하루 종일 자신의 관심 분야 전문가인 멘토 아래에서 인턴을 한다. 학생은 자신뿐만 아니라 멘토에게도 도움이 되는 '진짜 프로젝트authentic projects'를 수행한다. 이런 프로젝트를 통해 학생은 21세기에 필요한 역량을 기르고 성인들과 관계 맺는 법을 배우며, 전문가와 네트워크를 형성하게 된다. 셋째, 학생은 졸업 전에 세 곳 이상에서 인턴 경험을 가져야 한다. 학교는 '관심을 가질 때 가장 잘 배울 수 있다.'는 신념 아래 학생 자신이 관심을 가지고 있는 분야에서 인턴을 할 수 있도록 다양한 기회를 제공한다. 넷째, 학생은 인턴과 관련해서 인턴 일지를 작성해야 할 뿐만 아니라 프로젝트 발표회를 가져야 한다. 발표회에서는 해당 프로젝트를 선택한 이유, 학습 목표와의 일치 여부, 지역 사회에의 기여 가능성 등을 포함시켜야 한다.

메트고등학교는 이러한 방식의 교육을 실천하기 위해 무엇보다도 다음과 같은 2가지를 강조한다. 첫째, 소규모 학교를 유지하고자 한다. 전교생이 120명 정도의 소규모 학교여서 학교에 있는 교사와 학생 모두가 서로를 잘 알고 있다. 둘째, '내러티브 평가narrative assessment', 즉 '이야기 평가'를 실시한다. 학생 평가 기준은 학생에 맞게 그리고 그가 수행하는 프로젝트에 맞게 개별화되어 있다. 학생 평가는 지필 평가를 통해 이루어지기보다는 학생이 참여하는 중요한 배움 활동에 대한 관찰·반응·숙고·소통 등을 통해 학생의 배움의 진전 정도를 서술하는 방식인 내러티브 평가로 이루어진다. 내러티브 평가의 주요 기준으로는 ① 학습에 대한 책임감과 열정, ② 도전적인 과제 제시, ③ 자신과 타인에 대한 존중, ④ 시간 관리와 조직 능력, ⑤ 인턴십·세미나에서의 성취도 등이 있다. 내러티브 평가는 학교의 다섯 가지 학생 평가 기준뿐만 아니라 각 학생의 개인적인 학습 목표에 의해 이루어진다. 메트고등학교에서 이루어지는 평가로는 개별 학습 계획에 따른 성장과 진전을 보여 주는 공공 전시 및 발표회public exhibitions, 자문 교사와의 매주 미팅 주간 기록물weekly journal, 연간 발표 자료로 구성된 포트폴리오, 대학에 제공할 형태로 가공된 성적표 등이 있다. 메트고등학교는 공적 예산을 지원받는 일종의 차터 학교로서 상당한 자율성을 지니고 있다. 그래서 성적 GPA를 산출하는 대신에 학생의 각종 경험과 성취 정도를 서술하는 내러티브 평가를 하고 있다. 그러나 대학에 진학할 학생들을 위해 성적이 기록된 학생부를 대학에 제공해야 하기 때문에 내러티브 평가지에 학생 성적을 기록하는 고육책을 실시하고 있다.

메트고등학교의 이러한 교육적 특징은 '큰 그림 학습Big Picture Learning'의 원리에 따른 것이다. '큰 그림 학습'은 고등학생들이 학교 공부에서 느끼는 '지겨움'의 문제를 극복하고 학생을 학습의 중심에 놓는 정책을 개발하기 위해 1995년에 설립된 비영리 교육 연구소인 '큰 그림 회사Big Picture Company'의 산물이다. 30년 이상의 교사 및 교장 경력을 지닌 리트키와 워셔는 학교 교육이 근본적으로 바뀌어야 함을 보여 주기 위해 '큰 그림 학습'을 시작하였다. 메트고등학교가 첫 번째 '큰 그림' 학교이다. 메트고등학교의 첫 졸업생 배출은 2000년에 이루어졌는데, 첫 졸업생의 졸업률이 96%에 이르렀고 첫 졸업생의 98%가 고등 교육 기관에 진학했으며 받는 장학금만도 50만 달러에 달했다. 이러한 성공에 주목한 빌 게이츠 부부가 2001년과 2003년에 거금을 쾌척해 '큰 그림 학습' 학교를 국내외에 확산시키도록 하였다. 현재 미국에 60개의 '큰 그림' 학교가 있으며, 호주, 네덜란드, 이탈리아, 캐나다 등에서도 70여 개의 '큰 그림' 학교가 있다. 이들 학교들은 '큰 그림 학습 네트워크Big Picture Learning Network'를 구축하여 여러 교육 자료와 정보를 공유하고 있다.

　메트고등학교는 '대도시 지역 경력 및 기술 센터Metropolitan Regional Career And Technical Center'라는 학교 이름 때문에 우리나라의 실업계 또는 전문계 고등학교로 간주되기 쉽지만, 실업계 교육을 실시하기 위해서 세워진 고등학교는 아니다. 미국 고등학교 교육의 가장 두드러진 특징인 지루함, 그리고 이로 인한 학생들의 중도 탈락, 갱과 폭력 등의 문제를 해결하기 위해 세운 학교가 메트고등학교이다. 이 학교 재학생의 대부분이 멕시코계 미국인, 아프리카계 미국인, 도심 빈민가 출신 학생이 많기 때문에 이들의 관심과 열정에 적합한 교육 방안을 모색한 것이다. 학생들은 각자의 관심과 열정에 따라 법률가, 경찰관, 건축 사무소, 교육 행정직, 방송 전문인 등 전문적 직종뿐만 아니라 빵집, 호텔, 자동차 정비소 등 다양한 기능직 직종 관련 진로를 추구하고 있으며, 이 학교 졸업생의 대부분이 대학에 진학한다는 점을 고려할 때 메트고등학교를 우리나라 실업계 교육을 실시하는 고등학교로 보기는 어렵다. 메트고등학교는 학생들이 관심과 열정을 지닌 분야를 자기 주도적으로 그리고 인턴을 통해서 학습하며 성장하도록 돕는다는 점에서 '전통적인 일반 학교와는 다른non-traditional' 고등학교로서 진정한 교육을 실시하려고 노력하는 학교라고 볼 수 있다. 그리고 일반 학교에 잘 적응하지 못하는 많은 학생이 이 학교를 선택하거나 전학 온다는 점에서 메트고등학교는 대안 학교로 불리기도 한다. 하지만 학교 설립자인 리트키는 메트고등학교가 대안 학교가 아니라 진정으로 교육하는 참된 학교, 일반 학교라는 점을 힘주어 강조한다.

앞에서 살펴본 메트고등학교의 주된 교육적 특징과 중복된 부분이 있지만, 미국 내외에 존재하는 '큰 그림' 학교 운영의 기본 원칙 10가지를 간략히 제시하면 다음과 같다. 첫째, '한 번에 한 학생을' 교육한다는 원칙이다. 각 학생의 관심, 재능, 필요에 맞춘 개별화 교육을 진행한다. 학습 지도를 개별화할 뿐만 아니라 각 학생을 총체적으로 이해하고 바라본다. 둘째, 자문 조직이다. 자문은 '큰 그림' 학교의 조직과 관계 구조의 핵심이다. 15명 안팎의 학생들은 '어드바이저advisor'라고 불리는 담임 교사와 4년 동안 함께 지내며 평생 계속될 수 있는 밀접한 개인적인 관계를 맺는다. 셋째, '관심 있는 분야를 인턴십을 통해 학습하기 learning through interests and internships' 원칙이다. 학생들은 일주일에 두 차례, 즉 화요일과 목요일에 자신의 관심 분야 전문인 멘토 아래에서 인턴을 한다. 넷째, 부모와 가정의 참여 parent and family engagement이다. 가정은 학생의 학습 활동뿐만 아니라 학생 작품의 계획과 평가에서도 중요한 역할을 한다. 가정의 자산을 활용해 학교를 지원하고 미래의 잠재적 인턴 멘토로서의 역할도 수행해야 한다. 다섯째, 학생 참여적 학교 문화이다. 학생과 성인들 간에 신뢰와 존경, 평등이 존재한다. 학교의 의사 결정 과정에서 학생의 목소리는 중요하며, 학교 방문객은 학생들이 어른들과 스스럼 없이 교류하는 것에 놀라기도 한다. 여섯째, '참된 평가'의 원칙이다. 학생은 시험보다는 학습 결과물 전시나 발표를 통해 자신의 관심 분야에서 얼마나 성장이 이루어졌는가를 평가받는다. 학생은 매년 다양한 전시를 여러 차례 하며, 교직원, 부모, 친구, 멘토들과 자신이 이룬 학습 성장에 관해 토론한다. 일곱째, 열린 학교 조직이다. 학교는 건물, 스케줄, 종소리, 캘린더 등에 의해 구애받기보다는 협력과 소통의 문화를 특징으로 한다. 학교와 지역 사회 간의 상호 의존성이 강하다. 여덟째, 리더십의 공유이다. 혁신적인 교장, 헌신적이며 책임감 있는 담임 교사와 직원들, 그리고 학생 간에 리더십은 공유된다. 학교 조직은 민주적으로 운영되며, 지속적인 개선을 추구하는 긍정적인 문화를 지닌다. 아홉째, 졸업 후의 진로 계획 수립이다. 학생들은 고등학교 졸업 후 대학 진학이든 직업이든 군대든 여행이든 간에 미래 성공에 기여할 계획을 세운다. 열째, 주기적인 전문성 개발이다. 담임 교사의 전문성 개발을 위해 각 학교에서 교장, 직원, '큰 그림 회사' 직원과 코치 등이 함께 참여하는 전문성 개발 프로그램을 주기적으로 진행한다. '큰 그림' 학교는 지속적인 개선을 추구하는 평생 학습자들의 조직이다.

4. 덴마크의 '외레스타드 김나지움': 다양한 교수법을 계속해서 실험하는 학교

덴마크 코펜하겐에 위치한 '외레스타드 김나지움'은 무엇보다도 학교 건축물이 눈에 띤다. 공립 학교인 외레스타드 김나지움 건축물은 2007년에 건축된 것으로, 각 층에 4개의 학습 지대zones가 배치된 '열린 공간open space'을 갖춘 혁신적인 학교 건축물로 유명하다. 이 학교 건축물은 여러 건축상을 받았을 뿐만 아니라 유로뉴스Euro News에 의해 혁신적인 디자인을 지닌 전 세계의 3개 학교 중 하나로도 선정되었다. 그러나 이 학교 건축물이 필자의 관심을 끄는 것은 단순히 건물 자체가 혁신적이어서라기보다는 교사들이 새로운 교수법을 계속해서 테스트할 수 있도록 처음부터 의도적으로 건축물을 디자인했다는 점 때문이다. 요컨대 외레스타드 김나지움은 전통적인 교실을 없애고 계속해서 새로운 교수법을 시도할 수 있는 열린 공간을 만들었다는 특징을 지닌다.

이 건축물의 디자인이 어떠한지 살펴보자. 이 학교 건축물의 가장 특징적인 부분은 1층부터 꼭대기 층까지 부메랑 모양으로 이어지면서 회전하는 나무 계단이다. 1층부터 꼭대기 층을 잇는 원형으로 휘어진 나무 계단은 일차적으로 학생들이 각 교실로 오르락내리락하는 공간이지만, 동시에 다른 모든 공간에서 이루어지는 수업 활동을 볼 수 있는 열린 공간이기도 하다. 이를 통해 학생들은 학교 수업이 진행되는 다양한 모습을 볼 수 있을 뿐만 아니라 이로부터 많은 영감을 얻기도 한다. 이외에도 중앙 계단은 학생들이 서로 만나서 얘기할 수 있는 사회적 공간이면서 동시에 하루에도 다섯 차례 이상 오르내리면서 운동도 겸할 수 있는 공간이다.

이 학교의 각 층에는 한쪽 벽이 유리로 가려진 전통적인 수업

[그림 5] 외레스타드 김나지움의 내부 공간

공간도 일부 있지만, 대부분의 공간은 완전히 트여 있다. 집단 활동을 하려면 트인 공간에서 이동식 책장 등으로 필요 공간을 자유로이 만들 수도 있고, 건물 모서리 공간을 활용할 수도 있다. 그리고 학생들이 휴식하거나 방과 후에 공부할 수 있는 둥근 모양의 무대 같은 공간도 몇 개 놓여 있다. 알렌 앤더슨Allen Andersen 교장에 따르면 외레스타드 김나지움은 유연성을 지닌 하나의 커다란 교실과 같은 건물임과 동시에 공간의 다양성을 갖추고 있는 건물이다. 이 학교는 많은 열린 공간을 제공함으로써 교사가 수업을 설계할 때에 이러한 공간의 특징을 반영하도록 요구하고 있다.

외레스타드 김나지움에서는 약 1,180명의 학생들이 각 학년별로 15개 학급, 총 45개 학급으로 나뉘어 공부한다. 모든 수업의 1/3 이상은 반드시 열린 공간에서 하게 되어 있다. 모든 과목에서 새로운 교수법을 개발하여 다양한 접근을 시도하도록 요구한다. 열린 공간에서 많은 수업이 이루어지기 때문에 학생과 교사 모두 다른 교사의 수업을 쉽게 관찰할 수 있을 뿐만 아니라 서로 피드백을 주고받는 것에도 익숙하다. 이 학교에서는 모든 학습 자료가 디지털화되어 있을 뿐만 아니라 다양한 최신 테크놀로지를 활용할 수 있는 장치도 마련되어 있다. 그래서 교사와 학생들은 언제 어디서나 인터넷을 통해 학습 자료에 접근할 수 있다. 교사들이 서로의 수업에 참여하고 피드백을 주고받으면서 공동의 학습 자료를 개발하기도 한다. 학생들은 열린 공간을 돌아다닐 때에는 다른 수업에 방해되지 않도록 가급적 소리를 내지 않고 다니려고 노력한다. 열린 공간에서 수업을 진행하는 교사들은 학생의 주의를 흩뜨리는 많은 요인이 있기 때문에 학생들이 수업에 더 잘 집중할 수 있는 수업 방안을 찾고자 노력한다. 더 나아가 교사는 새로운 교수법을 찾기 위해 계속해서 교수법 실험을 해야만 한다.

코펜하겐시는 외레스타드 김나지움을 설립할 때 학교 자체가 지역의 유기적인 한 부분으로 작용할 수 있도록 계획하였다. 외레스타드 김나지움은 방송과 미디어, 커뮤니케이션, 문화에 초점을 맞춘 미디어에 특화된 현대식 고등학교이다. 학교 근처에 TV 방송국과 라디오 방송국, 다양한 미디어 산업체가 있어서 여러 유형의 방송과 미디어 교육 프로그램의 조합이 가능하고 다양한 미디어 프로파일을 지닌 학교를 설립한 것이다. 그래서 이 학교는 지역 사회 전문가를 종종 학교로 초빙하여 강의하거나 학생들이 산업 현장으로 나가서 직접 경험하는 기회도 많이 제공한다. 즉, 학교와 지역 사회의 담을 낮춰서 상호 밀접하게 교류하려고 노력한다. 학생의 선택이 가능한 다양한 미디어 교육 프로파일을 지닌 이 학교는 첫째, 자연 과학, 사회 과학, 언어, 예술이라는 전문화된 교육 프로그램을 운영하며, 둘째, 학제 간 활동을 강조하며, 셋째, 미디어와 커뮤니케이션 산업 관련 회사나 기관들과 긴밀한 네트워크 관계를 맺고 있다는 특징을 지닌다.

학생들은 고등학교 6개 학기 중에서 첫 한 학기 동안에는 모두에게 공통되는 기본 과정을 이수한다. 이 기본 과정에서는 향후 5개 학기 동안 전공할 전문화 영역을 탐색한다. 그리고 1학년 2학기부터 졸업 때까지 5개 학기 동안에는 자신이 선택한 전문화된 프로그램을 이수한다. 외레스타드 김나지움은 자연 과학, 사회 과학, 언어, 예술이라는 4개의 전문화된 프로그램을 운영한다. 학생들은 1년 동안 이수하는 C레벨 과목을 7개, 2년 동안 이수하는 B레벨 과목을 4개, 3년 동안 이수하는 A레벨 과목을 3개 이수해야 한다. 학생들은 여러 과목을 이수하면서 학년이 올라감에 따라 자기 적성에 맞는 과목으로 공부할 범위를 좁혀 가면서 집중적으로 이수한다. 학교의 일과는 오전 8시부터 오후 3시 40분까지 운영된다. 학생들은 일주일에 100분짜리 15개 수업lessons을 듣는다. 우리에게 익숙한 50분짜리 수업으로 환산하면 주 5일 동안 하루에 6차시 분량의 수업을 한다. 그리고 외레스타드 김나지움에서는 전체 이수 과목의 25%까지는 사이버 학습으로 이수할 수 있다.

이상에서 살펴본 외레스타드 김나지움의 주요 교육적 특징을 다음과 같이 정리할 수 있다. 첫째, 교사들이 전통적인 교수법이 아닌 새로운 교수법을 계속해서 탐색하도록 요구한다. 심지어 학교 건축물조차도 이러한 목적에 맞게 디자인되었다. 둘째, 모든 학습 자료를 디지털화하고, 이수 과목의 25%까지는 사이버로 이수할 수 있도록 하는 등 디지털 테크놀로지를 적극적으로 활용하는 수업을 한다. 셋째, 학교와 지역 사회의 담을 낮춰 학교 밖의 전문가가 학교로 들어와서 교육하고 학생들이 학교 밖으로 나가 현장에서 배우는 체험 중심 수업을 하도록 한다.

5. 미국의 스탠포드대학교: 미래 대학 교육의 혁신적인 방향을 탐색하는 '스탠포드 2025' 프로젝트

　미래 대학은 어떤 모습을 띠게 될까? 백 년 이상 유지되어 온 현재 스탠포드대학교 교육의 모델이 앞으로도 지속될 수 있을까? 빠른 속도로 확산되면서 우리 삶에 큰 영향을 미치고 있는 '온라인 공개 수업MOOC'이 현재의 대학 교육 모델을 근본적으로 바꿔 놓지는 않을까? 대학 교육과 관련하여 시간, 공간, 전문성, 학위, 학습 주체 등의 성격 변화가 일어나지는 않을까? 이러한 문제의식을 가지고 미래 대학의 혁신 방향을 탐색하기 위해 미국 스탠포드대학교는 '스탠포드 2025'라는 프로젝트를 진행했다. 스탠포드대학교 디 스쿨d. school의 디자인팀은 2014년부터 1년 동안 수백 명의 스탠포드대학교의 교직원과 학생을 대상으로 다양한 조사를 실시한 후 '스탠포드 2025'라는 보고서를 발표하였다. 이 연구는 2140년이라는 미래 시점으로 타임머신을 타고 이동한 후 큰 패러다임 변화가 일어났었던 '2025년 전후의 스탠포드대학교'를 회상하면서 2025년 스탠포드대학교의 주요 교육적 특징을 추출하려고 시도하는 독특한 형식으로 보고서를 구성하였다.

'스탠포드 2025' 연구진은 2025년의 스탠포드대학교에서 이루어질 학생의 교육과 삶에 대한 4가지 아이디어를 추출하였다. 4가지 아이디어는 첫째, 열린 순환 대학open loop university, 둘째, 자기 속도에 맞춘 학습paced learning, 셋째, 중심축의 변환axis flip, 넷째, 목적 중심의 학습purpose learning이다. 각각에 대해 좀 더 자세히 설명하면 다음과 같다.

첫째, '열린 순환 대학'에 대해 살펴보자. 현재는 18세 학생들이 대학에 입학하여 학사 학위를 위해 4년 또는 석사 학위를 위해 6년 동안 대학을 다닌다. 졸업 후에는 직장 생활을 하며 동문회에 참가하거나 대학 발전 기금 기부 등 이벤트 참석을 위해 대학에 가끔 들리기도 하지만 다시 공부를 하기 위해 학교에 오지는 않는다. 현재의 대학은 성인 초기 몇 년 동안에 집중적인 학습 기회를 제공하고, 그 후에는 어떤 학습 기회도 제공하지 않는다는 독특한 특징을 지닌다. 그러나 성인 초기에만 공부하는 이러한 현재의 대학 체제는 평생에 걸쳐 필요할 때마다 학습 기회를 제공하는 새로운 대학 체제로 바뀔 것이다. 예컨대 미래 사회에서는 대학에 입학하면 6년간의 학습 기회가 보장된다. 학생들은 1~2년 정도 공부한 다음 인턴이나 다른 경험을 가지기 위해 대학 밖으로 나가고, 많은 경험을 한 후 다시 대학으로 돌아와 1~2년 공부하고, 다시 직업을 구해 경력을 쌓고 전문성을 기른 다음 대학에 다시 공부하러 들리는 체제이다. 대학 안팎을 자유로이 드나들면서 필요할 때 대학에서 공부하는 것이 가능한 체제를 갖춘 대학이 바로 '열린 순환 대학'이다. 성인 초기에만 집중적인 학습 기회를 제공하는 현재의 대학 교육 체제가 얼마나 불합리한가? 성인 초기 4년간 체력 단련 기회를 주고 이후에는 체력 단련 없이 평생 건강하게 살 수 있단 말인가?

둘째, '자기 속도에 맞춘 학습'에 대해 살펴보자. 현재의 대학 체제에서 학생들은 학년별로 분류되고 대학 교육과정도 학년별로 구조화되어 있다. 이러한 체제와 구조 속에서 학생들은 특별한 문제만 없다면 4년간의 공부를 마친 후 무사히 졸업한다. 이런 '오리 줄 세우기식' 교육은 지난 산업 혁명의 시대 정신에 비춰 볼 때 나름의 의미를 지닌다고 볼 수도 있다. 그러나 정보 통신 기술과 인터넷의 발달로 개별화되고 적응적이며 능력별 학습이 가능한 미래 사회에서도 이런 교육이 지속되어야 하는가? 스탠포드 2025 연구팀은 현재 대학 교육의 대안으로 '6년간의 3단계6 years and 3 phases' 대학 교육 원칙을 제안하였다. 여기서 3단계는 첫째, 능력을 발견하는 단계calibration, 둘째, 능력을 높이는 단계elevation, 셋째, 능력을 적용하는 단계activation를 말한다. '스탠포드 2025' 연구팀이 제안하는 '자기 속도에 맞춘 학습'이란 학생들이 개인별 준비도와 자신의 학습 속도에 근거하여 서로 다른 속도로 능력 발견 단계, 능력 제고 단계, 능력 적용 단계로 나아가는 것을 말한다. 학생들은 평균적으로 6~18개월 동안 각 단계에 머물 것이다. 대학생들은 대학을 다니면서 이러한 단계 이동을 여러 차례 반복하여 경험할 것이다.

첫 단계인 '능력 발견 단계'란 학생 자신이 그 영역에 관심이나 능력이 있는지를 확인하기 위해 하루에서 일주일 정도의 기간 동안 특정 영역을 경험하는 단계이다. 학생의 능력에 따라 짧게는 6개월에서 길게는 18개월 동안 이런 단계를 거친다. 이런 경험을 하면서 학생들은 자신이 잘할 수 있는 영역을 탐색한다. 두 번째 단계인 '능력 제고 단계'란 학생이 관심을 갖거나 능력이 있는 특정 영역에 몰입하여 빠져들도록 모든 역량을 집중하는 단계이다. 학생의 능력에 따라 짧게는 12개월에서 길게는 18개월 동안 이런 단계의 경험을 한다. 이 단계에서 학생은 자신을 지도할 자문 위원회 board of advisors 의 지도를 받으면서 높은 전문성을 기른다. 자문 위원회는 학습 멘토, 개인 멘토, 이미 성취를 이룬 학생, 신뢰할 만한 사람들로 구성한다. 이 단계가 성공적으로 수행되기 위해서는 현재의 대학 강의실 대신에 '능력 제고 단계'에 있는 학생이 생활하며 학습할 수 있는 새로운 유형의 공간을 만들 필요가 있다. 세 번째 단계인 '능력 적용 단계'란 학생이 앞 단계에서 익힌 전문성, 지식, 역량을 인턴, 연구, 창업 등 실제 삶의 세계에 적용하는 단계이다. 이렇게 되면 학생은 대학이라는 안전한 보호 장치가 있는 상황에서 다양한 진로를 시도할 수 있는 기회를 가지게 된다는 장점이 있다.

셋째, '중심축의 변환'에 대해 살펴보자. 현재의 대학은 학문에 기반을 둔 학과 체제에 바탕을 두고 있으며, 특정 학문 지식을 얼마나 습득했는가가 졸업의 기준이 된다. 그리고 전공 과목을 얼마나 잘 이수했는지를 표시해 주는 성적표가 고용 시장에서 중요한 역할을 한다. 그러나 인터넷의 발달로 언제 어디서나 누구나 쉽게 접근 가능한 수많은 정보가 생성될 뿐만 아니라 각 학문 분야가 빠르게 합종연횡하는 현재에 이르러서는 대학의 역할 또한 달라질 수밖에 없다. 이런 맥락에서 스탠포드 2025 연구진은 '중심축의 변환'을 통해 지식 습득을 강조해 온 전통적인 대학 교육의 모델을 거꾸로 뒤집는다. 미래 대학에서는 지식 습득이 아니라 기능 또는 역량 개발이 기본이 되고 지식 습득은 역량 개발의 보조적인 역할만을 수행할 것이다. 각 대학에서는 역량 개발 모델을 중시하고 '역량 허브competency hubs'를 중심으로 대학 캠퍼스를 재배치하고 학장도 역량 허브별로 임명하며, 학생이 지닌 역량을 증명하는 역량 증명서skill-prints가 성적표를 대체하게 될 것이다. 왜냐하면 이러한 역량 허브들은 미래를 살아갈 우리 학생들의 다양한 직업 맥락에서 계속해서 새롭게 조합되고 재배치되는 빌딩 블록으로 작용할 것이기 때문이다. 스탠포드대학교는 2024년쯤에는 약 10개의 역량 허브, 예컨대 과학 분석, 양적 추론, 사회 탐구, 도덕·윤리적 추론, 미학적 해석, 창조적 신뢰, 소통 효과성 등의 역량을 강조하는 역량 허브별 단과대를 만들고 각 단과대 학장을 임명하며, 교수들은 이런 역량 허브와 관련된 새로운 과목을 개발해서 가르칠 것이다.

넷째, '목적 중심의 학습'에 대해 살펴보자. 현재의 대학에서 학생들은 전공을 결정하고 전공 관련 과목을 학습한다. 그럼에도 불구하고 졸업생의 약 85%는 전공과 무관한 분야에서 일하며, 사회적 이슈와 관련된 문제들에 대해서는 인생 후반기에 이르도록 거의 관심을 가지지 못한다. 현재 대학생들은 전공만 있지 목적이나 사명이 없는 공부를 하고 있다. 스탠포드 2025 연구진은 학생들이 대학에서 '전공' 대신에 '사명missions'을 결정, 선언하고 사명과 관련된 내용을 공부해야 한다고 주장한다. 즉, 학생들은 '학문적 요구 조건academic requirements'뿐만 아니라 '영향력 요구 조건impact requirements'을 충족시킬 필요가 있다. 학생들은 '나는 생물학 전공자이다.'라고 말하기보다는 '나는 전 세계적으로 만연한 기아 문제를 해결하기 위해 인간 생물학을 공부하고 있다.'라고 말해야 한다. 또는 '나는 전산학 전공자이다.'라고 말하기보다는 '나는 시민들이 정부의 의사 결정에 관심을 가지고 참여하는 방법을 연구하기 위해 전산학과 정치학을 공부하고 있다.'고 말해야 한다. 이처럼 '목적 중심의 학습'을 하게 될 때, 학생들은 학교 공부나 관련 프로젝트를 통해 의미를 발견하고 사회적 영향력도 미칠 수 있다. 졸업생들은 자신의 '전공'이 아니라 '사명'이 진로를 이끌어 왔다고 말할 수 있게 된다. 이처럼 대학 교육이 '왜why'라는 문제를 좀 더 심각하게 다룬다면, 그래서 많은 대학생이 목적 중심의 학습을 하게 된다면, 학생들은 점차로 자신의 사명과 관련 있는 '임팩트 랩impact lab'에서 보내는 시간이 많아질 것이다. 여기서 임팩트 랩이란 많은 사람의 관심을 끄는 중요한 문제를 다루는 연구 실험실을 일컫는다. 미래 대학은 기후 문제, 자원 고갈 문제, 양극화 문제 등과 같은 주제의 글로벌 임팩트 랩global impact labs을 점점 더 많이 만들 필요가 있다.

 이상에서 살펴본 것처럼, '스탠포드 2025'는 2025년의 스탠포드대학교는 현재와는 매우 다른 대학 교육의 모델을 취할 것으로 예상하고 있다. 미래 대학은 첫째, 성인 초기에 집중 학습하기보다는 평생에 걸쳐 필요할 때에 언제든지 대학에 가서 필요한 기간만큼 공부할 수 있는 '열린 순환 대학'이 될 것이고, 둘째, 학년별 진급이 아니라 자기 학습 속도에 따라 단계별로 나아가는 '개별화된 학습'의 장이 될 것이며, 셋째, 학과와 전공 중심의 교육에서 중추 역량 중심의 교육으로 '중심축의 변환'이 일어날 것이고, 넷째, 전공이 아니라 사명과 의미를 찾는 '목적 중심의 학습'을 추구하게 될 것이다.

6. 미국의 올린공과대학교: '직접 해 보는 공학'을 실천하는 대학 교육

 이 대학 졸업생의 초봉은 전국 대학 졸업생 평균 초봉보다 24%

더 높다. 공과대학교의 6년 만의 대학 졸업률 전국 평균이 50% 미만인데 반하여 이 대학의 졸업률은 95%이다. 졸업생이 현장 경력 3~5년 차와 비슷해 보인다는 평판이 자자하다. 졸업생의 40%가 대학원에 진학하며, 이 중 1/4인 25%가 하버드대학교, 스탠포드대학교, MIT 등 아이비리그 대학교에 진학한다. 스스로를 대학이라기보다는 일종의 국가 실험실national laboratory이라고 생각한다. 공과대학교임에도 여학생과 남학생을 50%씩 나누어 선발한다. 뉴욕 타임즈 컬럼니스트인 토마스 프리드만Thomas Friedman은 이런 대학을 1,000개 이상 복제하고 싶다고 말한다. 이 대학의 성과를 표현하는 말은 이것 외에도 무수히 많다. 이 대학이 바로 미국의 '올린공과대학교'이다.

보스턴 근교 니덤Needham에 자리 잡은 올린공과대학교는 1997년에 설립되었지만 첫 신입생을 2002년에야 받았다. 신입생을 늦게 받은 이유 중의 하나는 대학을 설립한 후 고등학교 졸업생을 대상으로 여러 실험을 진행하며 가장 좋은 공학 교육 방식은 어떤 것인지, 공학 교육과정을 어떻게 구성할 것인지 등에 관한 연구에 많은 시간이 걸렸기 때문이다. 올린 재단은 1938년에 설립된 이후 여러 공과대학교를 다양하게 지원해 왔지만 그 성과가 만족스럽지 않았다. 그러자 올린 재단은 설립자인 프랭클린 올린Franklin Olin의 유지를 살려 1997년에 올린공과대학교를 직접 설립하였다. 올린 재단은 4억 6천만 달러(한화로 약 5천억 원)를 지원하여 올린공과대학교는 엄청난 규모의 기금을 가진 대학으로 유명해졌다. 2017~2018학년 등록금은 49,280달러, 기숙사비가 16,300달러 정도여서 총 학비가 65,580달러이다. 그러나 올린공과대학교는 모든 재학생에게 등록금 절반을 대학 장학금으로 지급하고 있다. 모든 교수는 정년 보장 없이 매 5년마다 재계약한다. 교수 37명, 입학 정원 75명으로 편제 정원은 300명이고, 2017년 기준으로 378명의 학생이 재학 중이다. 올린공과대학교는 짧은 역사에도 불구하고 전 세계 공과대학교 교육에 신선한 충격을 주고 있다.

그렇다면 올린공과대학교 교육의 주된 특징을 무엇인가? 올린공과대학교는 세상이 많이 달라진 21세기에 살면서도 1950년대에 만들어진 지식이나 기술을 아직까지도 대학에서 가르치는 현실을 안타깝게 생각했다. 올린공과대학교는 공학 교육의 새로운 모습을 보여 주려는 사명으로 세워졌다. 우선 올린공과대학교에는 일반 대학에서 볼 수 있는 학과 자체가 없다. 그렇지만 학생들은 전기·전산 공학, 기계 공학, 일반 공학 셋 중에서 하나를 선택할 수 있다. 일반 공학 전공 학생은 디자인, 전산computing, 생명 공학, 재료 과학, 체제 디자인 등을 선택하여 집중 학습할 수 있으며, 본부의 승인하에 자신의 집중 과정을 스스로 설계할 수도 있다. 올린공과대학교 교육과정의 주된 특징은 과학과 공학의 핵심 기초, 창업 정신, 자유 학예(즉, 인문학) 3가지 요소에 초점을 맞춘 '올린 삼각형Olin Triangle'이다. 이 중에서 특히 우리의 관심을 끄는 것은

'과학과 공학'과 '창업 정신' 교육이다.

올린공과대학교 교육과정은 '직접 해 보는 공학hands-on engineering과 디자인 프로젝트'로 잘 알려졌다. 올린공과대학교에서 프로젝트 기반 교육은 1학년부터 시작되며, 4학년 때 진행되는 캡스톤 프로젝트에서 절정에 이른다. 올린공과대학교는 '맥락context'과 '학제 간 연결interdisciplinary connections'을 특히 중시한다. 1학년 학생들은 공학, 대수, 물리를 통합한 '통합 블록 과목integrated course blocks'을 수강하면서 이들 세 과목 간의 관계를 탐색한다. 예술, 인문학, 사회 과학 관련 과목들은 자아, 역사, 예술 등의 주제에 대해 융합적 접근을 시도한다.

예컨대 자아와 관련해서는 '나란 존재는 무엇인가?'의 문제를, 역사에서는 '테크놀로지의 역사'를, 예술에서는 '보기와 듣기 또는 와이어드 앙상블wired ensemble' 등을 다룬다. 올린공과대학교는 학문적 개념을 실제 세계의 문제나 프로젝트와 연결함으로써 실용성에 근거한 교육을 하고자 한다. 1학년 때부터 학생들은 대학에 있는 기계 공장에서 프로젝트 기반 작업을 위한 훈련을 받는다. 그리고 학생들은 1학년 때 '자연 디자인Design Nature'을 필수로 이수해야 하는데, 이 과목에서 학생들은 생물학적 시스템을 모방한 기계 장난감(예컨대, 헤엄치는 물고기, 뛰는 딱정벌레 등)을 디자인하고 만들어야 한다. 수업에서는 종종 제품의 기저에 놓여 있는 이론을 공식적으로 학습하기 전에 관련 개념을 먼저 적용해 보는 '행하면서 배우는do-learn' 형태를 선호한다. 공학 교육을 새롭게 정의하려는 사명감을 지닌 올린공과대학교는 계속해서 교육과정을 반성, 평가하는 리뷰 절차를 거친다. 이런 리뷰의 목적은 대학이 지속적으로 변화의 문화를 유지하면서 끊임없이 개선해 나갈 수 있도록 보장하기 위한 것이다. 학생 평가, 코스 개설, 학생의 학업 부담 등 교육과정의 중요한 측면들은 매년 세밀한 리뷰를 거친다.

올린공과대학교는 4학년 때 1년간 진행하는 캡스톤 프로그램인 '스코프SCOPE: Senior Capstone Program in Engineering'로 특히 유명하다. 공학 관련 캡스톤 프로젝트에서 학생들은 실제 세계와 관련된 공학 프로젝트를 수행하며, 이런 프로젝트는 기업체, 비영리 재단, 벤처 사업가 등에 의해 아이디어를 의뢰받고 재정 지원도 받는다. 예술, 인문학, 사회 과학 관련 캡스톤 또는 창업 관련 캡스톤에서는 학생 자신이 직접 고안한 프로젝트를 수행하기도 한다.

올린공과대학교 교육과정에서 또 하나 중요한 특징은 '열정 추구passionate pursuits' 프로그램이다. '열정 추구'는 학생들이 자신의 관심사를 한 학기 동안 추구하는 지적 또는 학문적 프로젝트이다. 예컨대 '동전 압축기penny press'를 만들거나 무선으로 조정되는 '미니 비행기micro aeronautic vehicles'를 만들 수 있다. 이런 프로그램이 교육적으로 의미가 있다는 판단하에 올린공과대학교는 '열정 추구'를 비학위 과정 학점으로 인정할 뿐만 아니라 학생들에게 필요한 재정을 지원하기도 한다.

7. 캐나다의 '퀘스트대학교': '블록 스케줄'을 운영하는 교육 중심 대학

캐나다의 '퀘스트대학교'는 브리티시 컬럼비아British Columbia주 스쿼미시Squamish에 위치한 교육 중심 대학이다. 2007년에 74명의 학생으로 개교했지만, 현재는 약 700명의 재학생과 40명의 교수가 있는 대학으로 성장했다. 43개 국가에서 온 유학생들이 전체 학생의 절반 정도를 차지하고 있다. 퀘스트대학교는 여러 면에 있어서 파격적인 시도를 거듭하고 있다. 예를 들어 교수의 직급을 모두 폐지하였고, 일반적인 대학에서는 전공별로 교수 연구실이 배정되는 것과는 달리 퀘스트대학교에서는 무작위 추첨으로 교수 연구실을 전공과 상관없이 배정하여 서로 다른 전공 교수들이 수시로 만날 수 있는 환경을 구축하였다. 하지만 무엇보다도 가장 큰 퀘스트대학교의 특징은 교육과정에 있다. 특색 있는 교육과정 운영으로 인해 퀘스트대학교는 2010년 NSSENational Survey of Student Engagement가 실시한 평가에서 캐나다 대학 중에서 가장 좋은 평가를 받았다. 학문적 도전성, 학생과 교수의 상호 작용, 학생의 지원 환경, 적극적·협력적 학습, 교육 경험의 풍성함 등 5개 모든 항목에서 높은 점수를 받았다. 퀘스트대학교는 평가에 참여한 52개 캐나다 대학 중에서 교육 경험에 대한 학생의 만족도가 가장 높은 대학이었다.

그렇다면 퀘스트대학교의 교육과정은 어떤 특징을 지니는가? 퀘스트대학교는 자유 학예liberal arts 전통에 따라 교육하고, 졸업할 때 문리학사 학위Bachelor of Arts and Sciences를 수여한다. 대학의 교육과정은 1·2학년의 기초 과정foundation program과 3·4학년의 집중 과정concentration program으로 구성되어 있다. 기초 과정에서는 예술과 인문학, 생명 과학, 물리 과학, 수학, 사회 과학, 학제적 과목 등 6개 영역에 걸쳐 16개 과목을 편성한다. 16개 과목 모두 필수로 이수해야 하며, 그중에서 사회 과학에서만 정치·경제, 민주주의와 정의, 지구적 관점, 자기·문화·사회 4개 과목 중 3개를 선택할 수 있도록 허용한다. 2학년 마지막에는 학제적 과목인 '질문Question'을 모든 학생이 이수해야 한다. 학생들은 '질문' 과목을 들으면서 자신이 직접 선택한 멘토 교수와 질문 강의 담당 교수의 도움을 받아 자신에게 관심 있는 질문을 찾고, 이를 어떻게 공부할 것인지에 대한 제안서를 작성해야 한다. 이 질문을 중심으로 3·4학년의 집중 과정이 이루어지기 때문에 이 질문은 학생에게 일종의 전공의 성격을 지닌다고 볼 수 있다. 질문은 학생의 관심에 따라 광범위한 질문일 수도 있고 매우 좁게 초점이 맞춰진 질문일 수도 있다.

예컨대 '아름다움이란 무엇인가?'처럼 광범위한 질문도 가능하고, '우리는 어떻게 전염성 질병을 통제, 관리할 수 있는가?'처럼 초점이 좁혀진 질문도 가능하다. 그리고 질문은 다학제적으로, 주요 저작물이나 사상가 중심으로, 또는 하위 질문들로 다양하게 구체화될 수 있다. 여기서 질문은 그 성격이 대학원의 석사 학위 논문 주제와 비슷하다.

3·4학년 학생들은 앞에서 살펴본 '질문'을 중심으로 멘토 교수의 도움을 받아 자신의 집중 과정을 구성한다. 각 학생의 집중 과정은 첫째, 질문 제시, 둘째, 코스 계획, 셋째, 독서 목록, 넷째, 키스톤keystone 프로젝트를 포함해야 한다. 집중 과정에는 '외국에서 한 학기', '리더십 훈련', '봉사 학습', '인턴' 등과 같은 '경험 학습experiential learning' 과목도 포함시킬 수 있다. 학생들은 경험 학습 과목을 한 과목 이상 반드시 이수해야 하며, 최대 4개 과목까지 이수할 수 있다. 이외에도 학생들은 '현장 과목field courses'도 수강할 수 있다. 현장 과목이란 남극에서 이루어지는 '남극 탐구' 과목, 하와이에서 이루어지는 '화산학' 과목, 밴쿠버 해안가에서 이루어지는 '해양 동물학' 과목처럼 특정 지역에 가서 이수하는 과목을 일컫는다.

퀘스트대학교의 교육과정 운영에서 특징적인 점은 '블록 스케줄 운영block plan' 방안이다. 한 번에 여러 과목을 이수해야 하는 일반 대학의 학생들과는 달리, 퀘스트대학교 학생들은 한 번에 한 과목의 수업만을 듣는다. 학생들은 한 과목을 한 학기에 걸쳐 이수하는 것이 아니라 매일 3시간씩 집중 이수하여 3주 반(3+1/2) 만에 끝마친다. 달리 말하면 한 학기 내내 4개 과목을 같이 이수하는 것이 아니라 한 번에 한 과목씩 4개 과목을 순서대로 이수한다. 따라서 학생은 한 학기 14주 동안 4개 과목, 1년에 8개 과목을 이수한다. 이런 블록 스케줄 운영 방안의 장점에 대해 퀘스트대학교는 다음과 같이 말한다.

첫째, 학생들은 수강하는 강좌 관련 토론을 하루든 이틀이든 중단 없이 계속하면서 심층적인 학습이 가능하다. 둘째, 탐구 학습을 위한 현장 방문이 가능하다. 예컨대 밴쿠버예술박물관에 종일 간다거나 화산을 공부하러 2주 동안 하와이에 가는 것도 가능하다. 셋째, 한 학기에 4개 강좌씩, 여름 학기에 2개 강좌를 선택할 수 있기 때문에 1년간의 학업 스케줄을 자신의 필요에 맞춰 조정하는 것도 가능하다. 학생은 언제 캠퍼스에 머물며 언제 여행이나 인턴, 다른 학습 기회를 찾아 밖으로 나갈 것인지를 자유로이 계획할 수 있다. 퀘스트대학교는 교육과정을 운영함에 있어서 학교의 행정 편의보다는 학생들의 학습 최적화를 최우선 순위에 두고 있다는 것이 분명해 보인다. 학생들이 학교 안이나 밖에서 원하는 것을 마음껏 배울 수 있도록 하기 위해 기존의 교육과정의 틀을 완전히 깨고 있는 것이다. 퀘스트대학교에서의 교육 경험에 대한 학생들의 높은 만족도는 우연의 산물이라고 보기는 어려울 듯하다.

8. 미네르바 스쿨: 세계 7개국의 기숙사로 옮겨 다니면서 100% 온라인 토론 수업을 실시하는 대학

대학 캠퍼스가 없고, 강의실, 실험실, 도서관, 체육관도 없다.

오로지 기숙사만 있다. 기숙사는 전 세계 7개국에 흩어져 있다. 학생들은 학기 단위로 전 세계 7개국의 기숙사로 옮겨 다니면서 공부한다. 모든 강의는 실시간 온라인 토론 수업으로 진행한다. 그러면서도 세계 최고의 엘리트 대학이 될 것이라는 꿈을 꾼다. 이 대학이 바로 미국 샌프란시스코에 본부를 둔 '미네르바 스쿨'이다.

미네르바 스쿨 설립자인 벤 넬슨Ben Nelson은 대학 설립의 목적을 2가지로 설명했다. 첫째, 세계에서 가장 똑똑하고 열심히 공부하는 학생들이 선택하는 세계 최고의 대학을 만들겠다. 둘째, 미네르바 스쿨을 통해 기존 대학들이 교육과정에 대해 새롭게 생각하도록 만들겠다. 미네르바 스쿨 관계자들은 기존 대학이 좁은 강의실에서 100~200명이라는 다수의 학생들에게 현장과 동떨어진 지식을 획일적으로 전달하는 교육으로 학생을 망치고 있다고 말한다. 더 나아가 미네르바 스쿨은 일반적으로 온라인 교육, 즉 비대면 교육이 잘 가르치기 어렵다고 간주되는 비판적·창의적 사고력, 효과적인 소통 및 상호 작용 역량을 기르는 것을 제1의 교육목표로 설정하여, 기존 오프라인 대학 교육에 심각한 도전장을 내밀고 있다.

미네르바 스쿨은 모든 수업을 100% 온라인으로 진행한다. 우리나라에도 100% 온라인 수업을 실시하는 대학이 있다. 사이버 대학이 17개 있으며, 원격 교육 기관도 1개 있다. 그러나 미네르바 스쿨이 우리나라 사이버 대학 등과 다른 점은 토론 중심의 실시간 온라인 수업을 실시한다는 점이다. 더 나아가 미네르바 스쿨은 오로지 기숙사만 있는 대학이다. 전 세계 7개국에서 기숙사를 운영한다. 미네르바 스쿨 1학년 학생들은 샌프란시스코(미국)에서 공부하고, 2학년 학생들은 부에노스아이레스(브라질)와 베를린(독일)에서, 3학년 학생들은 하이데라바드(인도)와 서울(한국)에서, 그리고 4학년 학생들은 런던(영국)과 타이베이(타이완)에서 공부한다. 2017년 가을 학기에는 미네르바 스쿨 학생들이 처음으로 서울 강남에 위치한 기숙사에 머물면서 공부하였다.

  2014년에 처음 학생을 모집한 미네르바 스쿨은 예술과 인문학, 계산 과학, 비즈니스, 자연 과학, 사회 과학 5개 전공 과정을 운영하고 있다. 2016년부터 석사 과정도 운영하기 시작했다. 2014년 첫 학부 학생 모집에 2,464명이 지원해서 69명이 입학 허가를 받았다. 그중에서 29명의 학생이 등록하여 입학 허가율은 2.8%, 등록률은 42%를 기록했다. 첫해 입학생에게는 4년 전액 등록금을 면제해 주었다. 2017~2018학년도에는 20,400명이 지원해서 385명이 입학 허가를 받았고, 219명이 최종 등록하여 입학 허가율은 1.9%, 등록률은 56.9%를 기록했다. 파이낸스 타임스의 지적대로 이제 미네르바 스쿨은 입학 허가율이 2% 미만으로 "전 세계에서 가장 들어가기 어려운 대학"이 되었다. 미네르바 스쿨은 학생의 다양성 측면에서도 세계 최고의 '글로벌 대학'의 위상을 지닌다.

아시아 출신 학생 29%, 북아메리카 출신 학생 23%, 유럽 출신 학생 22%, 아프리카와 중동 출신 학생 10%, 라틴 아메리카 출신 학생 10% 등으로 문자 그대로 '글로벌' 대학이다. 어느 한 민족이나 국가 출신 학생도 다수자가 아닌, 지구상에서 찾아보기 쉽지 않은 글로벌 대학이다.

2017~2018년 기준 미네르바 스쿨의 등록금은 12,950달러, 기숙사비는 10,000달러, 기타 비용 2,000달러로 총 학비는 24,950달러이다. 이것은 미국의 오프라인 사립 대학 학비의 1/2 또는 1/3 수준이다. 그래서 미네르바 스쿨은 가장 적은 비용으로 세계 최고 수준의 대학 교육을 제공한다는 자부심을 가지고 있다. 미네르바 스쿨에는 대학 캠퍼스, 실험실, 도서관, 체육관 등이 없다. 그러나 미네르바 스쿨은 이런 교육 환경에 대해서도 발상의 전환을 강조한다. 학교 설립자인 넬슨은 여러 회사에서 인턴을 하면 되기 때문에 실험실은 불필요하며, 도서관이나 체육관이 필요할 경우 다양한 공공 도서관 또는 체육관을 적극적으로 활용하라고 말한다. 심지어 미네르바 스쿨은 1학년 학생들에게 무크MOOC 강좌 이수를 통해 다른 대학의 1학년 학생들이 배우는 내용을 학습하도록 추천하기도 한다. 학교의 시설과 교육과정 운영에 대해 문자 그대로 파격적인 관점을 가지고 있다.

그렇다면 세계 최고의 엘리트 대학을 지향하는 미네르바 스쿨의 교육은 어떤 특징을 지니는가? 미네르바는 로마 신화에 나오는 지혜의 여신이며, 그녀의 어깨에는 지혜를 상징하는 올빼미가 앉아 있다. 그래서 미네르바 스쿨은 학교 모토를 '비판적 지혜critical wisdom'로 삼는다. 미네르바 스쿨은 교육 비전을 3가지 논리적 단계를 통해 설명한다. 첫째, 핵심 목표key goals가 있다. 미네르바 스쿨은 지도자, 혁신가, 폭넓은 사유자, 글로벌 시민을 길러 내는 것을 핵심 목표로 삼고 있다. 둘째, 4가지 핵심 역량core capacities이 있다. 핵심 목표가 추구하는 인간을 길러 내기 위해서는 미래 사회가 필요로 하는 4가지 핵심 역량, 즉 비판적 사고력, 창의적 사고력, 효과적 소통 역량, 그리고 효과적 상호 작용 역량을 길러 주어야 한다. 셋째, '마음의 습관habits of mind'과 '토대 개념foundational concepts'이 있다. 4가지 핵심 역량을 길러 주기 위해서는 과학과 인문학을 가로지르는 '마음의 습관'과 '토대 개념'을 교육해야 한다. 이들을 그림으로 제시하면 다음과 같다.

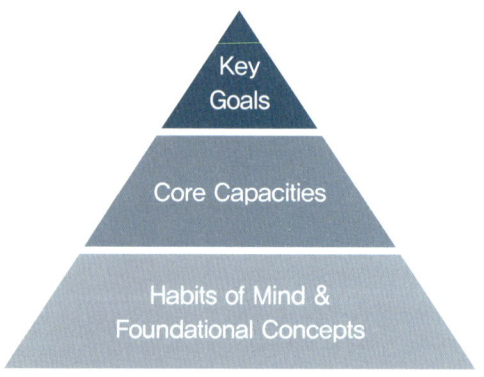

[그림 6] 미네르바 스쿨의 핵심 목표, 핵심 역량, 마음의 습관과 토대 개념의 관계도

미네르바 스쿨이 추구하는 대학 교육의 큰 비전을 실현하기 위해서는 1학년 교육이 특히 중요하다. 미네르바 스쿨에서는 1학년 학생들에게 이른바 '엉성한' 교양 교육을 듣게 하는 대신에 형식 분석formal analyses, 다중 소통multimodal communications, 경험적 분석 empirical analyses, 복합 체제complex systems라는 4개 주춧돌로 구성된 주춧돌 과목들cornerstone courses을 듣게 한다. 이 과목들은 모든 미네르바 스쿨 학생이 갖추어야 할 4가지 핵심 역량의 기저에 놓여 있는 '마음의 습관'과 '토대 개념'을 계발하는 데 초점을 맞춘다. 주춧돌 과목들에서는 학생들이 4가지 핵심 역량을 다양한 학문에 적용할 수 있도록 교육한다. 예컨대 형식 분석이라는 주춧돌 과목에서는 학생들에게 귀납 논리를 생물학, 전산학, 공중 보건, 심리학 등 여러 분야에 걸쳐 적용하고 분석하도록 가르친다. 더 나아가 귀납 논리는 다른 주춧돌 과목들과도 연계시켜 융합적 사유 역량을 기를 수 있도록 가르친다. 전공과 상관없이 모든 학생은 32학점의 주춧돌 과목들을 이수해야 한다. 왜냐하면 주춧돌 과목들은 이후 3년 동안 공부할 전공의 학문적 기초가 될 넓고 깊은 지식에 해당하기 때문이다. 1학년에서 이런 '토대'를 쌓은 학생들은 2학년에서는 '방향'을 설정하고, 3학년에서는 '집중'하며, 4학년에서는 '종합'할 수 있는 역량을 기르도록 교육받는다. 이런 교육과정의 근저에는 미네르바 스쿨의 독특한 교육 철학이 놓여 있다. 미네르바 스쿨은 현재 존재하는 직업과 관련된 지식이나 역량을 가르치기보다는 학생들이 평생에 걸쳐 학습할 수 있는 역량, 그래서 현재 존재하지 않지만 미래에 나타날 직업에도 잘 적응하고 성공할 수 있는 역량을 길러 주는 교육을 하고자 한다.

미네르바 스쿨의 모든 수업은 실시간 온라인 세미나 방식으로 이루어진다. 한 반의 학생 수는 19명을 넘지 못하도록 제한하고, 교수는 학생 중심의 토론 수업을 진행한다. 토론 참여가 저조한 학생들은 토론에 적극적으로 참여하도록 유도하며, 학생들의 수업 참여와 토론 과정은 자동으로 녹화되어 필요할 때는 언제든지 학생의 토론 참여나 진척 정도를 확인하고 추적할 수 있다.

미네르바 스쿨은 교육 성과에 대해서도 대단히 자랑스럽게 생각한다. 미국의 대학 학업 성취도 평가에 해당하는 CLA+Collegiate Learning Assessment 시험 성적을 근거로 미네르바 스쿨은 자신들의 교육이 성공적이라고 주장한다. 2016년 가을 미네르바 스쿨 신입생은 다른 대학 신입생과 비교했을 때에 백분위 95%에 해당하는 우수한 학생들이었다. 신입생인 이들은 다른 대학 졸업반 4학년들과 비교했을 때 백분위 78%에 해당하는 점수를 얻었다. 그리고 대학 입학 후 8개월이 지난 2017년 봄에 치러진 시험에서 미네르바 신입생들은 다른 대학 졸업반인 4학년들과 비교했을 때, 백분위 99%에 해당하는 점수를 얻었다. 그 시험을 치른 모든 대학 중에서 미네르바 스쿨 성적이 가장 좋았다.

미네르바 스쿨의 교육적 특징을 간단히 요약해 보자. 첫째, 대학 캠퍼스, 강의실, 실험실, 도서관, 체육관 등을 별도로 운영할 필요가 없다는 점에서 대학 운영에 비용이 적게 들어 학생의 학비 부담이 적은 '비용 효율적인cost-effective 대학'이고, 둘째, 그 결과 학생들이 대학 캠퍼스 안에 갇혀 있기보다는 대학 밖으로 나가 실제 생활 현장에서 인턴하고 도서관, 체육관 등 다양한 공공 시설물을 적극 활용하면서 대학 밖 세상을 학습의 장으로 삼는다는 점에서 '대학 안팎의 경계를 허문 대학'이며, 셋째, 모든 수업을 실시간 온라인 토론 수업으로 진행한다는 점에서 '하이테크 기술을 적극 활용하는 대학'이고, 넷째, 과반수가 넘는 민족·국가 출신의 학생 없이 6개 대륙의 다양한 나라 학생들로 구성되어 있다는 점에서 '진정한 의미의 글로벌 대학'이며, 다섯째, 여러 나라 도시에서 다양한 문제, 문화, 감성 등을 경험하고 키울 수 있도록 세계 7개국의 기숙사를 옮겨 다니면서 교육한다는 점에서 '세계로 열린 대학'이고, 여섯째, 교과 수업을 실시간 온라인 토론 수업으로 실시하지만 전교생이 기숙사에 살면서 다양한 오프라인 코아 커리큘럼이나 엑스트라 커리큘럼 활동에 참여한다는 점에서 온라인과 오프라인의 '블렌디드 교육을 실시하는 대학'이다.

미네르바 스쿨은 입학 허가율 2% 미만으로 전 세계 다양한 나라에서 우수한 인재를 유치하는 데 성공했으며, 이미 여러 오프라인 대학의 교육과 교육과정에 신선한 충격을 주고 있다는 점에서 학교 설립 목적을 달성했다고 볼 수 있다. 그러나 미네르바 스쿨의 지속 가능성에 대한 우려도 있다. 미네르바 스쿨 자체는 비영리 교육 법인이지만, 영리 벤처 기업인 '미네르바 프로젝트'의 산물이다. 미네르바 스쿨은 '미네르바 프로젝트'라는 벤처 기업이 만든 수업 운영 테크놀로지 플랫폼, 즉 실시간 온라인 세미나 전문 플랫폼을 활용하여 온라인 수업을 실시하고 있다. 미네르바 스쿨의 모기업에 해당하는 '미네르바 프로젝트'는 영리 벤처 기업으로 이익을 창출하여 투자자들에게 이윤을 배당해야 하는 과제를 안고 있다. 이런 연유로 미네르바 스쿨이 언제까지 저렴한 학비로 좋은 성과를 내는 대학으로 지속될 수 있을지 궁금해지는 측면도 있다. 미네르바 스쿨은 앞에서 살펴본 몇 가지 매우 도전적이면서도 대담한 교육적 특징 때문에 현재 많은 사람의 주목을 받고 있지만, 그 미래가 자못 궁금해지는 대학이다.

미래 사회를 위한 대학 교육: '4세대 대학'의 출현 가능성은?

12세기 이탈리아의 볼로냐대학을 시작으로 서양 중세 대학이 출현한 이래 현재 우리가 경험하고 있는 대학은 '3세대 대학'이라고 할 수 있다. '3세대 대학'까지 어떻게 변천해 왔을까? 간략하게 살펴보자.

'1세대 대학'은 12세기 즈음에 유럽에서 출현한 대학이다. 이탈리아의 볼로냐대학과 프랑스의 파리대학이 이들을 대표한다. 가르치는 사람들과 배우는 사람들의 '학자' 집단, 즉 길드(gild)를 의미했던 중세 대학은 13세기에 들어와 학예 학부라는 기초 학부와 신학부, 법학부, 의학부라는 상급 학부의 조직으로 발전하며, 점차 강의실 등 여러 건물과 같은 하드웨어와 수업, 학위 등의 규정과 같은 소프트웨어를 지닌 기관으로 발전한다. 그러나 기독교 신학의 테두리 내에서 여러 학문을 해석하려는 스콜라주의적인 학풍으로 인하여 중세 대학은 14세기 후반 이후 정체한다.

'2세대 대학'은 19세기 초반 프러시아에서 출현한 베를린 훔볼트대학으로 대표된다. 나폴레옹과의 전쟁에서 패배한 프러시아는 기존의 대학과 성격을 달리하는 새로운 대학을 베를린에 설립하였다. 당시 프러시아 또는 독일의 관념론의 영향을 크게 받아 문화 국가 또는 교육 국가를 지향하며 설립한 베를린 훔볼트대학은 이성에 근거한 학문 연구를 강조했다는 점에서, 그리고 이성의 자율적인 활동의 공간인 대학과 학문의 자유를 무엇보다 강조했다는 점에서 근대적 대학의 출범으로 받아들여졌다. 베를린 훔볼트대학은 인간 삶의 전 영역을 포괄적으로 다루는 철학을 무엇보다 강조했으며, 대학 교수진도 상당수가 철학 전공자로 채워졌다. 신학의 굴레를 벗어나 이성에 근거한 학문을 지향하고 학문과 대학의 자유를 강조하였기에 유럽 각지의 탁월한 학자들과 학생들이 이곳으로 몰려들었다. 이에 베를린 훔볼트대학은 19세기 중반에 많은 외국 유학생을 지닌 세계 최고의 대학으로 성장하였다.

'3세대 대학'은 19세기 중반에 미국에서 출현한 주립 대학이자 연구 중심 대학이다. 미국은 1862년 남북 전쟁 중에 모릴 법안(Morrill Act)을 통과시켜 수많은 주립 대학을 출범시켰다. 모릴 법안은 공학, 농학, 또는 응용 학문 관련 주립 대학을 설립하려는 주에게 국유지를 무상으로 제공함으로써 '토지 공여 대학(land grant university)'이라고 불리는 여러 주립 대학의 출현을 가능하게 하였다. 주립 대학의 출현은 한편으로 대학 교육의 대중화라는 현상을 가져왔으며, 다른 한편으로 공학이나 농학 등 우리 생활의 실제적인 측면에 대해 연구하는 실용적인 학문을 하는 대학을 탄생시켰다. 더 나아가 1, 2차 세계 대전을 겪으면서 미국 대학은 정부, 대기업과의 산학 협력 등을 통해서 교육보다는 연구를 더 강조하는 성격을 띠기 시작하였는데, 이것이 이른바 '연구 중심 대학'의 시초가 되었다.

4차 산업 혁명으로 인하여 대학 교육의 새로운 변화가 요구되는 현 상황은 '4세대 대학'의 시대를 열 것인가? 필자는 머지 않는 미래에 4세대 대학이 출현할 가능성이 있다고 본다. 4세대 대학은 4차 산업 혁명의 핵심을 차지하는 ICT 관련 첨단 테크놀로지를 적극 활용하는 대학이 될 것이다. 앞에서 살펴본 Stanford 2025, 미네르바스쿨, 그리고 '온라인 대중 공개 수업'이라고 불리는 무크 등을 종합하면 4세대 대학의 윤곽을 흐릿하게나마 짐작할 수 있지 않을까 생각한다.

4부 4차 산업 혁명 시대를 대비한 한국 교육의 혁신 방향

> 모든 연구는 3가지 과정을 거친다.
> 첫째, 조롱당한다.
> 둘째, 심한 반대에 부딪힌다.
> 셋째, 자명한 진실로 받아들여진다.
> All research passes through three phases.
> First, it is ridiculed.
> Second, it is violently opposed.
> Third, it is accepted as self-evident.
> – Arthur Schopenhauer –

 기존 학교가 마음에 들지 않을 때 학교를 개혁하는 것이 나을까, 아니면 새로 짓는 것이 나을까? 이에 대해 사람들은 흔히 기존 학교를 인수하기보다는 새로 학교를 신설하는 것이 더 낫다고 말한다. 이미 있는 학교 교육을 바꾸려면 새로 짓는 것보다 여러 배 더 힘이 들게 마련이다. 기존의 학교 교육을 새롭게 바꾸려면 먼저 이전의 습관을 털어 내는 작업, 그 후 다시 새로운 습관이나 관례를 만들려는 '이중의 작업'을 감당해야만 한다. 그 와중에 반발을 처리하고 사람들을 설득하는 작업은 이루 말할 수 없이 지루하고 고통스러운 경우가 많다. 학교를 신설할 경우에는 새로운 습관이나 관례를 만드는 단 하나의 작업만 하면 된다. 새로 신설하는 학교에서는 '해체하는 작업' 없이 '구축하는 작업' 하나만 하면 되기 때문이다.

쇼펜하우어의 명언에서 '연구'를 '혁신'으로 바꿔 읽어 보자. 너무나도 공감이 가는 문장이다. 뭔가를 바꾸려는 변화나 혁신을 시도할 경우, 우리는 조롱당하며 심한 반대에 부딪힐 가능성이 크다. 그러나 각고의 노력 끝에 혁신이 성공하면 그 혁신은 어느새 자명한 진실로 받아들여진다. 현재 우리 삶에서 너무나 자명하게 받아들여지는 것들도 혁신의 과정에서는 조롱당하거나 심한 반대에 부딪혔었다. 그러나 역으로 혁신의 이런 성격을 이해한다면 혁신의 과정에서 우리가 겪는 많은 어려움인 조롱이나 심한 반대도 견딜만한 것이 된다.

학교 교육을 혁신하는 것은 그 어떤 분야의 혁신보다도 더 어렵다. 왜냐하면 학교 교육은 한 순간도 멈추지 않고 계속해서 흐르는 강물과 같기 때문이다. 새로운 학교 교육을 시작한다는 것은 흐르는 강물을 멈추게 해 놓고 물줄기를 바꾼 후 다시 그 새로운 물줄기로 강물이 가게 하는 것과 같다. 그 과정에서 흐르는 강물을 막으려니 관행의 힘에 맞서게 되어 힘이 들고, 왜 막았는지 설명을 해야 하고, 물줄기를 새로 만들려니 힘이 들고, 만들어 놓은 새 물줄기가 맞느냐며 갑론을박하는 사람들을 설득도 해야 한다. 학교 교육을 혁신하는 작업은 학교 교육의 오랜 관행이라는 구습을 해체하는 작업과 동시에 미래 사회가 필요로 하는 방향으로 학교 교육의 새로운 습관을 구축해야 하는 이중의 작업을 수행해야 한다. 더 나아가 우리 사회에서는 학교 교육에 관심을 가진 사람이 너무 많고 학교 교육에 대한 생각이 너무나 많이 다르다. 때문에 혁신의 방향에 대한 합의조차 이루기가 쉽지 않다.

4부에서는 난마처럼 얽힌 한국 교육을 4차 산업 혁명 시대에 맞게 어떻게 혁신할 것인가의 문제를 다룬다. 여기서는 우리나라 교육의 구체적인 혁신 '방안'을 제시하기보다는 혁신이 지향해야 할 큰 '방향'을 주로 살펴보고자 한다. 왜냐하면 구체적인 학교 교육 혁신 방안을 논하기에 앞서 혁신의 큰 방향에 대한 합의가 우선적으로 이루어질 필요가 있기 때문이다.

제4부에서는 첫째, 현재의 학교 교육이 1, 2차 산업 혁명의 산물임을 살펴보고, 둘째, 4차 산업 혁명 시대의 학교 교육은 근대 학교 교육과 어떻게 달라야 하는지를 살펴보며, 셋째, 근대 학교 교육의 새로운 대안으로 '항해 모형'을 살펴보고자 한다.

1. 현재의 학교 교육: 1, 2차 산업 혁명의 산물

일반적으로 가르치고 배우는 활동을 교육education이라고 한다. 이러한 교육이 학교라는 특정 시공간에서 구체화되어 이루어질 때 이를 학교 교육schooling이라고 한다. 현재의 학교 교육은 의무 교육, 무상 교육, 표준화 교육이라는 3가지 특징을 가지고 있다. 즉, 특정 연령대의 사람들은 모두 다니도록 하는 의무 교육, 국가가 재원의 대부분을 감당하는 무상 교육, 대중mass을 대상으로 동일한 내용, 방법, 속도로 교육하는 표준화 교육이 현재 학교 교육의 특징이다. 이것은 인류 역사에서 '근대modern'라는 시기에 형성된 학교 교육의 중요한 특징이다. 그러면 이런 근대의 산물인 대중 무상 의무 교육은 4차 산업 혁명 시대에도 여전히 적합할까? 아니면 파괴적 혁신을 통해 새로운 유형의 학교 교육으로 재탄생해야 할까?

오늘날 우리에게 친밀한 근대 학교 교육인 대중 무상 의무 교육은 18세기 후반 프러시아로부터 유래했다. 프러시아에서는 1763년에 프레드릭 대제Frederick the Great의 칙령 공포로 근대적인 무상 의무 교육이 시작되었다. 요한 헤커Johann Hecker가 작성한 칙령은 남녀 불문하고 5세부터 13세 아동들은 모두 종교, 노래, 읽기와 쓰기를 국가가 제공한 교과서로 공부할 것을 규정하였다. 프러시아의 영향을 받아 오스트리아, 헝가리, 보헤미안 왕국(체코) 등도 1774년에 무상 의무 교육을 도입하였다. 이어 북유럽의 덴마크, 노르웨이와 스웨덴, 그리고 러시아의 영향력 아래 있던 핀란드, 에스토니아, 라트비아 등도 프러시아 교육 모델을 도입하였다. 많은 사람의 예상과는 달리 영국과 프랑스는 무상 의무 교육을 상대적으로 늦게 도입했다. 영국에서는 이전부터 교육적 특권을 누려

왔던 상류층의 반대로, 프랑스에서는 교육의 주도권을 놓고 벌어진 정부와 가톨릭 교회 간의 갈등 때문에 무상 의무 교육이 상대적으로 늦게 도입되었다. 영국은 1870년부터, 프랑스는 1881년부터 무상 의무 교육이 도입되기 시작하였다. 유럽 밖에서는 미국의 매사추세츠주가 1852년에 무상 의무 교육을 처음 도입했으며, 일본은 1868년 메이지 유신 이후 곧바로 무상 의무 교육을 도입하였다. 요컨대 1, 2차 산업 혁명 시기인 18~19세기 100여 년간 유럽과 미국, 일본 등 이른바 선진국들은 근대 학교 교육 체제를 구축하였다.

그렇다면 프러시아에서 근대 학교 교육이 탄생할 수 있었던 이유는 무엇일까? 1763년에 8년간의 초등학교 무상 의무 교육을 강제하는 칙령이 처음 발표되었을 때, 프러시아 중산층은 이를 적극 지지하였지만 프러시아 상류층과 하류층은 무상 의무 교육을 강하게 반대하였다. 상류층은 농부나 노동자들이 글을 배우면 폭동을 일으킬지도 모른다는 두려움 때문에 반대했고, 하류층은 자녀들이 가능하면 빨리 농장이나 공장에서 일하기를 원했기 때문에 반대했다. 이처럼 상류층과 하류층의 반대에 부딪혀 무상 의무 교육이 정착하지 못하던 상황에서 1806년에 프러시아가 나폴레옹과의 전쟁에서 패배하였다. 그러자 프러시아 개혁가와 민족주의자들은 전쟁의 패인을 교육에서 찾으면서 교육 개혁을 강하게 부르짖었다. 피히테는 1807년에 '독일 국민에게 고함'이라는 애국심

고취 연설에서 새로운 형태의 교육이 필요하다고 주장했다. 피히테는 통일된 독일 민족 국가를 이루기 위해서는 활용할 수 있는 지성을 갖출 뿐만 아니라 이를 활용하려는 의지를 길러 주는 국민 교육이 필요하다고 보았다. 피히테는 공통의 언어, 음악, 전설과 에토스 등에 기반한 문화 민족, 즉 통일된 독일 민족 국가 형성의 필요성을 주장하였다. 이런 일련의 과정을 거치면서 프러시아는 교육 개혁을 반대하는 주장을 물리치고 무상 의무 교육 체제를 확립하였다.

프러시아의 교육 모델을 부러워했던 미국의 학교 개혁가 호레이스 만Horace Mann은 1843년에 프러시아를 방문하여 프러시아 교육이 어떻게 운영되는지를 시찰하였다. 당시 매사추세츠주는 한편으로는 이민자의 증가로 통일된 언어와 문화의 필요성을 느꼈으며, 다른 한편으로는 산업화의 진전으로 읽기와 쓰기 등 기초 학력을 갖춘 사람들을 필요로 했다. 그뿐만 아니라 매사추세츠주는 미래를 위해 바른 인성과 태도 등 도덕 교육을 받은 인간의 필요성을 느끼고 있었다. 호레이스 만은 주 정부의 관계자들을 적극적으로 설득하여 1852년에 미국에서 최초로 프러시아 교육 모델, 즉 세금으로 지원하는 초등학교 무상 의무 교육 체제를 도입할 수 있었다. 매사추세츠주 교육 개혁 사례는 곧바로 뉴욕주를 포함한 미국의 북부 지역으로 확산되었다. 결국 75년이 흐른 후 1918년 중남부에 위치한 미시시피주가 마지막으로 '의무 출석법'을 통과시키면서 미국의 무상 의무 교육은 완성되었다. 사회 통합을 강조하는 프러시아 교육 모델에 깊은 감명을 받았던 미국인들은 19세기 중·후반부터 20세기 전반에 걸쳐 무상 의무 교육을 확대시켰다. 특히, 당시 표준화와 '컨베이어 라인'이라 불리는 자동화 조립 라인을 통해 대량 생산이 가능하게 된 공장은 미국 사회에 혁신적인 변화를 일으키고 있었다. 그리하여 이런 공장을 모델로 삼은 학교 시설과 교육 프로그램의 도입이 빠르게 확산되었다.

1, 2차 산업 혁명 시대에 출현한 근대 학교 교육은 대중에게 표준화된 교육 내용을 표준화된 방법으로 가르치고 평가하는 학교 체제이다. 국가나 학교는 연령에 따라 학생들을 학년으로 나누고 학년별로 가르칠 내용을 교과서로 만들어 학생들에게 가르쳤다. 학교 교육 프로그램은 공장의 생산 공정에 해당하고 학생은 원재료에 해당하며, 교사는 공장의 감독에 해당하는 것으로 비유되었다. 공장에 설치된 컨베이어 라인을 따라 이동하면서 제품이 완성되듯이, 학생들은 성취 여부와 상관없이 주별, 학기별, 학년별 계획에 따라 교육 프로그램을 이수하면 학습한 것으로 간주되어 졸업장이 주어졌다. 표준화와 컨베이어 라인의 도입으로 대량 생산이 가능해졌듯이 학교 교육도 표준화를 통해 대량 교육이 가능해졌다. 그 결과 이반 일리치Ivan Illich가 지적했듯이 학교는 학생들에게 가르치는 것을 배우는 것으로, 학년이 올라가는 것을 교육받는 것으로 간주하였다. 이것이 바로 우리가 지금 알고 있는 학교 교

육의 탄생 배경이다. 현재의 학교 교육은 교육의 전체 역사에 비교한다면 200년 정도의 짧은 역사만을 갖고 있을 뿐이다. 그리고 19~20세기에 각국의 정치·사회적 요구와 경제·산업의 기류에 의해 그 골격이 갖추어졌다. 요컨대 근대의 학교 교육은 국민 의식 고취라는 명분으로 출범했지만 1, 2차 산업 혁명의 산물로 완성되었다.

그렇다면 이러한 학교 교육이 4차 산업 혁명 시대에도 여전히 유효할 것인가? 우리는 앞의 1, 2, 3부를 통해서 4차 산업 혁명 시대에는 새로운 패러다임의 교육이 필요함을 살펴보았다. 예컨대 무크와 같은 플랫폼 기반 온라인 학습은 빠른 속도로 팽창하면서 근대의 학교 교육 지형을 뒤흔들고 있다. 플랫폼 기반 온라인 학습은 연령·계층·종교·인종·국가·자격 등과 무관하게 누구든 학습자로 받아들인다. 게다가 다양한 콘텐츠와 개별화된 코치로 개인 맞춤형 교육을 제공함으로써 학습자의 만족도를 극대화시키고자 노력하고 있다. 이처럼 4차 산업 혁명은 과거와는 매우 다른 방향으로 미래 환경을 재편하기 때문에 학교의 근대적 기능은 미래 사회에서 더 이상 유효하지 않을 것이다. 왜냐하면 공통성·획일성·강제성·국지성이라는 학교 교육의 근대적 특징은 개별성·다양성·자율성·편재성을 특징으로 하는 플랫폼 기반 온라인 학습의 특징과는 양립 불가능한 대립적인 관계를 맺고 있기 때문이다. 그래서 4차 산업 혁명 시대에는 근대적 특징을 지닌 학교 교육과는 다른 새로운 패러다임의 교육을 필요로 한다. 앞에서 살펴본 내용을 토대로 미래 사회에서 필요로 하는 새로운 패러다임의 교육이 무엇인지 살펴보기로 하자.

2. 교육의 새로운 패러다임: 근대 학교 교육은 어떻게 바뀌어야 하는가?

4차 산업 혁명 시대를 살아갈 세대를 교육하기 위해 우리나라 학교 교육은 어떻게 바뀌어야 하는가? 이에 대해 어떤 사람들은 우리 교육의 킹핀에 해당하는 대학 입시를 바꿔야 한다거나 고교 학점제를 도입해야 한다고 주장하기도 한다. 이런 정책들이 잘못되었다고 말할 수는 없지만, 미래 사회를 대비해 우리 교육이 어떻게 바뀌어야 하는가에 대한 큰 그림이라고 보기는 어렵다. 사실 광복 이후 지난 70여 년간 수많은 정책을 새로 도입하는 등 우리 교육을 바꾸려는 노력을 지속적으로 해 왔지만 우리 교육은 근본적인 측면에서는 큰 변화가 없었다. 왜 그랬을까?

필자는 교육 정책이나 제도를 바꾸는 것이 곧 우리가 필요로 하는 교육 혁신이라고 오인했기 때문이라고 생각한다. 이것은 마치 근본적인 체질 변화가 필요할 때에 옷만 바꾸어 입히는 것과 같다. 교육 혁신에 필요한 근본적 진단을 제대로 하지 못한 채 그때그때 임시 처방전을 써 온 셈이다. 그렇다면 교육 혁신의 요체는 어디에 있는가? 교육의 핵심은 가르치고 배우는 활동이며, 특히 학생의 학습을 통한 성장이다. 그렇다면 학생들이 의미 있는 학습을 하도록 하려면, 그래서 미래 사회에서 필요로 하는 역량을 제대로 기를 수 있도록 하려면 무엇을 어떻게 바꾸어야 하는가가 고민의 출발점이 되어야 한다. 달리 말하면 학생의 배우는 활동인 학습 활동을 중심에 놓고 이를 촉진하고 지원하기 위한 방향으로 교육을 총체적으로 혁신하려는 시도가 필요하다. 이런 문제들과 연계시켜 교육 정책을 총체적이고 체계적으로 설계하려는 고민 없이 단순히 대학 입시가 우리 교육의 킹핀이어서 이를 먼저 바꿔야 한다거나 학생 개개인의 진로에 맞는 교육을 하기 위해서 고교학점제를 우선적으로 도입해야 한다는 주장은 지나치게 단순한 주장처럼 보인다.

이 장에서는 미래 사회에서 필요로 하는 교육의 새로운 패러다임을 살펴보고자 한다. 이를 위해 첫째, 아는 사람을 기를 것인가, 할 수 있는 사람을 기를 것인가? 둘째, 가르칠 것인가, 스스로 배우게 할 것인가? 셋째, 가르칠 것인가, 지원할 것인가? 넷째, 이론을 가르칠 것인가, 실제 삶의 문제를 가르칠 것인가? 다섯째, 교실 안인가, 교실 밖인가? 순으로 살펴보고자 한다.

1) 아는 사람을 기를 것인가, 할 수 있는 사람을 기를 것인가?

지식인가, 역량인가? 지식을 갖춘 사람인가, 역량을 지닌 사람인가? 학교 교육은 지식을 전달하기 위한 것인가, 역량을 길러 주기 위한 것인가? 아직은 교육학자들이 이 문제에 대해 어떤 합의된 의견을 가지고 있지는 않다. 그러나 세상을 둘러보면 너무나 많은 것이 이미 변했음을 알 수 있다. 인터넷과 정보 통신 기술의 발달로 정보·지식의 획득은 이제 너무 쉬운 일이 되었는데, 굳이 학교가 학생들에게 정보·지식을 전달해 줄 필요가 있을까? 정보나 지식의 획득이 목적이라면 오늘날 학교가 굳이 필요한가? 이런 맥락에서 학교는 뭔가 새로운 존재 이유를 찾아야만 하는 상황에 처해 있다.

최근에는 학교의 존재 목적을 정보나 지식의 전달이 아닌 다른 것에서 찾으려는 경향이 두드러지게 나타난다. 학교의 과업을 정보·지식 전달 중심에서 역량 개발 중심으로 전환하고 있는 것이다. 이제 학교는 학생들에게 단순히 정보·지식을 전달하는 것보다는 이들을 활용하여 다양한 삶의 문제를 발견하고 해결할 수 있는 역량을 길러 주어야 한다는 주장이 점점 더 많은 사람의 지지를 얻고 있다. 최근 선진국을 포함한 많은 나라에서 역량을 기르기 위한 교육을 강조하고 있으며, 우리나라에서도 '2015 개정 교육과정'에서 역량이라는 용어를 국가 교육과정에 처음으로 포함시킨 바 있다. 이런 맥락을 고려할 때 미래 사회를 대비한 학교 교육은 '정보·지식의 획득'에서 '문제 발견·설계·해결 역량'을 기르는 교육으로 흘러갈 것으로 예상된다.

그렇다면 학교 교육에서 지식과 역량은 어떻게 다른가? 현재 학생들의 교육 성취를 측정하는 대표적인 국제적 평가 시험에서도 지식과 역량 평가는 뚜렷하게 구분된다. 예를 들어 TIMSS와 PISA는 각기 다른 내용을 평가한다. '국제 수학·과학 추이 변화 연구Trends in International Mathematics and Science Study' 시험인 TIMSS는 '지식'을 평가하는 시험인데 반하여, '국제 학생 평가 프로그램 The Programme for International Student Assessment' 시험인 PISA는 '역량'을 평가하는 시험이다. TIMSS는 학생들이 학교에서 배운 지식을 얼마나 잘 기억하고 있는가를 평가하는 '과거 지향적인' 시험이라면, PISA는 학생들이 학교에서 배운 것을 토대로 앞으로 무엇을 할 수 있는가를 평가하는 '미래 지향적인' 시험이다(후쿠타 세이지, 2010). 국제교육성취도평가학회IEA의 주관으로 1995년부터 4년마다 치러지는 시험인 TIMSS는 각 국가의 교육과정을 학생들이 얼마나 충실하게 공부했는가를 주로 평가한다. 경제협력개발기구OECD가 주관하여 2000년부터 3년마다 치러지는 시험인 PISA는 학교에서 배운 지식을 삶의 다양한 상황과 목적에 맞게 활용하는 역량을 주로 평가한다. 이런 차이 때문에 최근 들어 많은 나라가 지식을 주로 평가하는 TIMSS보다는 역량을 주로 평가하는 PISA에 더 많은 관심을 갖는다.

그렇다면 미래 사회를 살아갈 학생들은 어떤 역량을 갖춰야 하는가? 세계 경제 포럼WEF(2017)은 21세기의 학생들에게 요구되는 기술로 6가지 기초 문해foundational literacies, 4가지 역량competencies, 6가지 인성 자질character qualities을 제시하였다. 학생들이 일상생활에서 핵심 기술을 적용시키는 데 필요로 하는 기초 문해로 ① 문해력, ② 수리력, ③ 과학적 소양, ④ ICT 소양, ⑤ 금융 이해력, ⑥ 문화 시민 소양을 제시하였고, 학생들이 복잡한 도전 사항들에 대처하는 데 필요로 하는 역량으로 ① 비판적 사고/문제 해결, ② 창의성, ③ 의사소통, ④ 협업 능력을 제시하였으며, 학생들이 변화하는 환경에 대처하는 데 필요로 하는 인성 자질로 ① 호기심, ② 주도성, ③ 일관성/도전 정신, ④ 적응력, ⑤ 리더십, ⑥ 사회·문화 의식을 제시하였다.

세계 많은 나라는 이러한 기초 문해, 역량, 인성 자질 중에서 학생이 길러야 할 역량을 특히 강조하는 경향을 보이고 있다. '4차 산업 혁명과 교육'의 관계를 논의하는 자리에서 종종 제안되는 역량은 다음과 같다. ① 비판적이고 창의적인 사고 역량critical & creative thinking, ② 소통 및 협업 역량communication & collaboration, ③ 인성과 시민성을 포함한 도덕·윤리적 역량character & citizenship이다. 이 3가지 또는 6가지 역량들은 미래 사회에서 학교 교육이 학생들에게 길러 주어야 할 대표적 역량으로 제시된다. 그러나 유감스럽게도 현재 우리나라 학교 교육의 실질적인 목적은 학생들에게 이러한 미래 역량을 길러 주는 데 있다기보다는 학생의 지식 습득과 그에 대한 평가라고 해도 과언이 아니다. 좀 더 거칠게 말하면 학교 교육의 목적이 마치 내신 성적을 잘 관리하고 수능 및 논술에서 좋은 점수를 받아 좋은 대학에 진학하는 데에 있는 것처럼 보일 정도이다. 하지만 많은 사람이 이미 지적하고 있듯이 이것은 미래 사회에서 필요한 역량을 기르는 것과는 아무 관계가 없다.

필자는 미래 사회에서 필요로 하는 역량, 그래서 우리가 미래 사회를 살아갈 학생들에게 반드시 길러 주어야 할 역량으로 2가지를 특별히 강조하고자 한다. 첫째, 불확실한 상황 속에서 스스로 문제를 발견하고 해결할 수 있는 역량을 길러 줄 필요가 있으며, 둘째, 끊임없이 변화하는 환경 속에서 계속해서 스스로 학습할 수 있는 학습 역량을 길러 줄 필요가 있다. 왜 이런 역량이 필요한가? 세상이 매우 빠른 속도로 변하고 있기 때문이다. 그리고 현재의 정보나 지식은 곧 쓸모가 없어지고, 미래에 어떤 직업이 새로 생기거나 사라질지에 대해서도 점점 예측하기 어렵기 때문이다. 현재 중학생이 대학을 마치고 사회에 진출할 때쯤에는 2/3 정도의 학생이 현재 없는 직업에 종사하게 될 것이라는 예측도 있다. 따라서 현존하는 직업을 대비한 학교 교육은 큰 의미를 지니지 못한다. 모든 것이 빠르게 변하는 불확실한 상황 속에서도 계속해서 스스로 학습하면서 부딪히는 문제를 명료하게 정의, 분석하고 최적의 해결책을 찾아 나갈 수 있는 역량을 길러 주는 교육이 필요하다.

3부에서 살펴본 미네르바 스쿨이 이런 교육을 수행하는 대표적인 기관 중의 하나이다. 미네르바 스쿨은 현존하는 직업에 필요한 기술을 가르치기보다는 현재에는 없는, 그러나 미래에 생겨날 직업에 적응하고 성공할 수 있는 역량을 길러 주기 위한 교육을 실시한다. 그래서 미네르바 스쿨은 대학 1학년 과정에서부터 모든 학생이 이수해야 하는 주춧돌 과목들을 통해 학생들에게 '마음의 습관'과 '토대 개념'을 가르친다. 그리고 매 학기마다 세계 7대 도시에 있는 기숙사로 옮겨 다니면서 각 나라의 주요 현안과 문제에 대해 조사하고 토론하고 대안을 탐색한다. 이런 과정을 통해 미네르바 스쿨은 각 개인의 비판적·창의적 사고력과 집단 내의 효과적인 소통 능력·상호 작용 능력을 길러 주고자 한다. 이를 통해 미네르바 스쿨은 미래 사회에 필요한 '문제 발견·설계·해결 역량'을 지닌 지도자, 혁신가, 폭넓은 사유자, 글로벌 시민을 길러 내고자 하는 교육의 핵심 목표를 달성하고자 노력한다. 이런 이유로 필자는 미네르바 스쿨이 학생들에게 미래 사회에 필요한 '문제 발견·설계·해결 역량'을 길러 주기 위한 교육을 실시하는 하나의 좋은 사례라고 본다.

2) 가르칠 것인가, 배우게 할 것인가?

X세대, N세대, Y세대, G세대, W세대, V세대, P세대, INDE세대……. 세대를 일컫는 새로운 용어들은 끊임없이 생산된다. 원래 세대란 같은 시대에 살면서 공통 의식을 가지는 비슷한 연령층의

사람들을 가리키는 용어로, 대략 부모 세대와 자녀 세대로 구분되었고 시간적으로 30년 정도를 의미했다. 그러나 요즘은 모든 것이 워낙 빨리 변하는 시대여서 그런지 세대는 세분화되고 그 정의 또한 매우 빠른 속도로 변하고 있다. 요즘 세대를 살아가는 젊은 이들이 하나의 특징으로 포착하기 어려울 만큼 다면적인 특징을 지니고 있기 때문에 다양한 세대로 묘사할 수밖에 없는지도 모른다. 여기서 중요한 것은 요즘 젊은이들은 이전 세대와는 여러 측면에서 서로 다른 독특성을 지닌다는 사실이다.

요즘 젊은 세대는 몇 가지 두드러진 특징을 지닌다. 첫째, 능동적이고 적극적으로 자신을 표현한다. 둘째, 인터넷 네트워크에 익숙할 뿐만 아니라 네트워크를 즐긴다. 셋째, 관심 있는 것을 찾아 몰입하는 것을 좋아하며 싫어하는 것은 죽어도 안 하려고 한다. 넷째, 재미나 오락을 추구한다. 이런 젊은 세대의 특징들을 고려할 때 현재의 학교 교육이 요즘 젊은 세대와 얼마나 어울리지 않는가는 너무나 분명해 보인다. 학생과는 상관없이 일방적으로 정해진 교육 내용을 교사가 전달하거나 가르치려는 교육 활동을 학생들이 좋아할 리가 없다. 좋아하지 않는 교육 활동에 학생들이 적극적으로 참여할 리 없고, 학생들의 적극적인 참여 없이는 학생의 성장은 일어날 수 없다. 그 결과 학교 교육을 하지만 학생들은 성장하지 않는다. 학교 교육이 실패할 수밖에 없는 것이다. 이제는 분명히 학교 교육을 과감하게 혁신할 때이다.

교육은 가르치는 측면과 배우는 측면을 지닌 활동이다. 그래서 교육 활동은 교사의 가르치는 활동과 학생의 배우는 활동으로 나뉜다. 따라서 교육에서 교사의 가르치는 활동을 우선할 것인가, 학생의 배우는 활동을 우선할 것인가라는 선택의 문제가 발생한다. 전자를 '교수 우선주의'로, 후자를 '학습 우선주의'로 명명할 수 있다.

학교 교육에는 '교수 우선주의'라는 길고도 강한 전통이 있다. 학교 교육의 목적, 내용, 방법 등 교육의 단계 단계에서 '교수 우선주의'의 특징이 드러난다. 교육의 목적이나 목표 설정은 학생 개개인의 특징을 고려하기보다는 동질의 능력과 관심을 지닌 학생 집단을 가정하고 이루어진다. 교육 내용이나 방법을 처방하는 데에 있어서도 마찬가지이다. 모든 학생은 국가 교육과정에 제시된 동일한 내용과 방법에 따라 교육받는다. 달리 말하면 학생은 자신이 관심을 가지는 교육 내용을 자신의 수준에 맞는 깊이, 넓이, 속도로 교육받기보다는 국가 교육과정에 제시된 내용을 교육과정에 제시된 방법과 속도에 따라 학습해야 한다. 학교라는 교육 현장에는 국가 교육과정이라는 '프로크로테스의 침대'가 놓여 있다. 그리스 신화에 나오는 괴물 프로크로테스는 근처 지나가는 사람을 잡아다가 침대에 눕힌 다음, 침대보다 큰 사람은 잘라 죽이고 침대보다 작은 사람은 키를 늘려 죽였다. 침대를 기준으로 사람을 재단했던 것이다. 공부를 잘하는 학생들도 일종의 프로크로

테스의 침대인 국가 교육과정을 넘어서는 내용을 공부할 수 없으며, 공부를 못하는 학생들도 도저히 이해할 수 없는 수준의 국가 교육과정 내용을 모두 학습해야만 한다.

그러나 이제 학생을 침대 크기에 맞추기보다는 침대 크기를 학생에게 맞추어야 한다. 학생을 교육과정에 맞추기보다는 교육과정을 학생에게 맞추어야 한다. 2부에서 이미 살펴보았듯이 학생들은 첫째, 관심, 역량, 지능 프로파일, 진로 계획 등이 서로 다르며, 둘째, 배우려는 본능 또는 타고난 역량을 지니며, 셋째, 적절한 조건이 충족되면 스스로 학습하려고 하는 존재이다. 따라서 학생을 교육 활동의 중심에 놓고 학생이 자발적으로 학습할 수 있는 환경을 만들어 주려는 노력이 무엇보다도 중요하다. '교수 우선주의'를 '학습 우선주의'로 대체할 필요가 있다.

'학습 우선주의'는 개인 맞춤형 교육을 전제한다. 왜냐하면 학습의 주체는 각 개인이고, 각 개인은 서로 다르기 때문이다. 각 개인에게 의미가 있는 교육은 개인 맞춤형 교육일 수밖에 없다. 따라서 연령이 같거나 비슷한 시기에 입학했다는 이유로 같은 반으로 편성하여 동일한 내용을 동일한 속도로 공부하게 해서는 곤란하다. 학생 개개인의 관심, 역량, 지능 프로파일, 진로 계획 등을 고려하여 각 학생에게 의미 있는 학습을 할 수 있는 교육 기회를 제공해 주어야 한다.

이 책에서 우리는 학생 스스로 또는 자기 주도적으로 학습하는 많은 사례를 살펴보았다. 폴 김의 '외계인 교수법', 수가타 미트라의 '벽 안의 구멍', 니콜라스 네그로폰데의 '한 학생에게 노트북 컴퓨터 한 대 주기 운동' 등을 통해 어떤 외부의 가르침 없이도 학생 스스로 학습할 수 있는 역량이 있음을 확인했다. 특히, 스마트 기기의 등장으로 개인 맞춤형 학습이 가능한 물적 조건이 갖추어졌다. 미국의 '칸 랩 스쿨'이나 네델란드의 '스티브 잡스 스쿨'처럼 개인용 스마트 기기에 내장된 다양한 디지털 교육 프로그램을 활용하여 학생 스스로 자신의 수준에 맞는 내용을 자신의 속도에 맞추어 공부할 수 있다. 심지어 한국 사교육 업계에서도 이런 개인 맞춤형 교육이 이루어지고 있다. 강사는 학생 수준을 평가한 후 각 학생 수준에 맞는 문제를 제공하여 학생 스스로 문제를 풀도록 한다. 학생은 모르는 문제가 있으면 질문하고 강사는 그 학생에게 다가가 그가 질문한 문제를 설명해 준다. 한 강사가 수백 명의 수강생을 모아 놓고 강의하는 방식이 주를 이루던 사설 학원조차도 이제는 다양한 디지털 자료를 활용하는 개인 맞춤형 교육으로 진화하고 있다. 이런 현상은 무엇을 말해 주는가? 학교가 개인 맞춤형 교육을 외면한다면 학교는 화석화될 수밖에 없지 않겠는가?

4차 산업 혁명 시대에 맞게 학교 교육을 혁신하는 작업은 무엇보다도 '교수 우선주의'를 '학습 우선주의'로 전환하는 일로부터 시작될 필요가 있다. 우선 학생 개개인을 학교 교육의 중심에 놓자. 그리고 관심, 역량, 지능 프로파일, 진로 계획 등 학생 개개인의 특성을 종합적으로 이해하자. 그런 다음 각 학생에게 적합한 교육이 가능하도록 교육 환경을 만들어 주자. 학교의 소프트웨어, 휴먼웨어, 하드웨어의 모든 것을 학생 개개인의 학습을 촉진하고 지원해 줄 수 있는 방향으로 조정하자. 오랜 시간에 걸쳐 '교수 우선주의' 원칙에 맞게 정착되어 온 학교 운영 체제와 조직, 문화 등을 '학습 우선주의' 원칙에 맞게 바꾸자. 교육에서 '교사의 가르치는 활동인 교수 활동'보다는 '학생의 배우는 활동인 학습 활동'이 더 중요함을 인식하는 것이 미래 교육의 출발점이다.

3) 가르칠 것인가, 지원할 것인가?

태양이 지구 주위를 도는가, 지구가 태양 주위를 도는가? 과학은 지구가 태양 주위를 돈다고 이야기한다. 그러나 필자는 여전히 태양이 지구 주위를 도는 것을 경험한다. 아침마다 해가 동쪽에서 떠서 서쪽으로 진다. 나를 중심으로 태양이 돌고 있으니 내가 서 있는 지구를 중심으로 태양이 돌고 있다고 느낀다. 지구를 중심으로 천체가 움직인다는 사고방식을 천동설이라고 하고, 태양을 중심으로 지구가 돈다는 사고방식을 지동설이라고 한다. 천동설이라는 지배적인 사유 체제를 지녔던 사회에서 지구가 돈다는 코페르니쿠스의 지동설 주장은 사람들의 세계관에 엄청난 영향을 주었다. 이런 의미에서 사상 체계의 대역전은 '코페르니쿠스적 혁명'이라고 불린다.

일찍이 듀이는 교육에서 '코페르니쿠스적 혁명'이 필요하다고 말했다. 듀이는 교과를 가르치기보다는 학생을 가르쳐야 한다고 말했다. 이는 학교 교육에서 '교과' 중심적 사고를 '학생' 중심적 사고로 전환해야 한다는 주장이다. 이 책에서 필자가 제안한 '코페르니쿠스적 혁명'은 교사의 '교수 활동' 중심의 학교 교육을 학생의 '학습 활동' 중심의 학교 교육으로 전환하자는 주장이다.

교육의 중심이 '교수 활동'에서 '학습 활동'으로 바뀔 경우 교사의 역할 또한 달라질 수밖에 없다. 왜냐하면 교사의 가르치는 행위보다 학생의 배우는 행위가 더 중요해지기 때문이다. 이런 맥락에서 폴 김의 "좋은 교사는 가르치지 않는다."라는 말은 중요한 의미를 지닌다. 왜냐하면 '학습 우선주의'에서 교사의 일차적인 임무는 가르치는 행위가 아니라 학생의 배우는 활동을 촉진하고 지원하는 행위이기 때문이다.

'교수 우선주의' 교육에서는 교사가 가르치면 학생은 배운다고 가정한다. 더 나아가 학생은 학교에서 교사가 가르치는 것만 배운다고 가정한다. 그러나 이런 가정들이 사실이 아님이 드러났다. 교사가 가르치는 것과 학생이 배우는 것이 서로 달랐다. 굳이 여러 연구 결과를 언급하지 않더라도 우리는 교사가 가르쳐도 학생이 배우지 않을 수 있고, 교사가 가르치지 않아도 학생이 배울 수 있다는 사실을 알고 있다.

'학습 우선주의' 교육에서는 학생이 학습의 주체이고 교사는 학생의 학습을 촉진하거나 지원하는 사람으로 간주된다. 학생은 학습의 목적이나 목표를 스스로 설정하고, 이를 달성할 학습 내용과 방법도 선택할 수 있어야 한다. 학습의 주체인 학생이 학습의 목적·목표 설정과 학습 내용과 방법을 잘 선택할 수 있도록 교사는 학생을 도와주고 지원해 줄 필요가 있다. 교사는 학생에게 적절한 '코칭coaching' 또는 '어드바이징advising'을 제공하는 역할을 수행해야 한다.

교사의 역할이 '티칭'에서 '코칭'으로 바뀌어야 한다는 말의 의미가 좀 더 분명해질 수 있도록 두 단어의 의미 차이를 살펴보자. 티칭은 기본적으로 교사가 교육의 주체로서 적극성을 가지고 교육 내용, 즉 교과를 가르치는 활동이다. 이런 티칭에는 2가지 유형의 활동이 있을 수 있다. 첫째, 교사가 전문성을 지닌 교육 내용, 즉 학문 내용the XYZ을 학생에게 가르치는 것이다. '교육 내용 전문가'로서 교사가 해당 교과와 관련된 학문 내용을 학생들에게 가르친다. 둘째, 교사가 전문성을 지닌 학문을 가르치되 어려운 학문 내용을 학생 수준에 맞는 교과 내용the ABC으로 변환하여 가르친다. 여기서 교사는 '교육 내용 전문가'이면서 학생의 수준에 맞게 교육 내용을 번역하여 제공하는 역할을 수행하는 '교육 방법 전문가'이기도 한다. 후자가 학생의 이해 수준 등을 고려하는 노력을 더 충실하게 한다는 점에서 전자보다 이상적인 의미의 교사에 더 가깝다. 그러나 전자와 후자 모두 교사가 교육의 주도권을 가지고 가르치는 행위를 수행하고 있다는 점에서 티칭을 하고 있다.

그렇다면 코칭이란 무엇인가? 축구 경기를 예로 들어 보자. 축구 경기장에서 뛰면서 축구를 하는 사람은 코치가 아니라 운동선수이다. 코치는 선수 한 사람 한 사람을 깊이 있게 이해하면서 각 선수의 다양한 특징과 장단점을 세밀하게 파악하고 있는 사람이다. 그리고 각 운동선수가 자신의 역량을 최대한 발휘할 수 있는 방향으로 필요할 때마다 각 선수의 상황에 맞는 적절한 조언을 해 줄 수 있어야 한다. 코치는 선수에게 선수 자신이 실제 어떻게 뛰고 있는지, 얼마나 발전했는지, 무엇을 더 고쳐야 하는지를 파악하고 다시금 선수가 스스로 연습을 통해 발전할 수 있도록 독려한다. 따라서 교사가 코칭을 한다는 것은 첫째, 학생이 학습의 주체임을 인정하고, 둘째, 학생에 대한 이해를 심화시켜 학생이 학습에서 최대한의 역량을 발휘할 수 있도록 필요할 때마다 적절한 조언을 해 주는 것을 의미한다.

이 책의 2부에 있는 '외계인 학습법'에서 보았던 것처럼 학생은 누구나 스스로 학습할 수 있는 역량을 지닌다. 학생이 호기심만 있다면 학습은 저절로 일어나게 되어 있다. 로빈슨의 '데쓰 밸리' 비유에서 알 수 있듯이 적절한 조건만 갖추어지면 학습은 일어난다. 심지어 미트라의 SOLEs 프로젝트의 '할머니'처럼 학생들을 무조건 격려만 해 줘도 학생들은 많은 것을 학습할 수 있다. 다양한 정보와 지식, 문서, 사진, 동영상 등으로 가득 찬 인터넷과 인공 지능으로 무장된 다양한 검색 엔진을 누구나 언제 어디서나 쉽게 활용할 수 있는 4차 산업 혁명 시대에는 학생을 학습의 주체로 세우는 작업이 특히 중요하다. 이 책의 3부에서 살펴본 많은 혁신적인 학교가 '교사'라는 용어보다는 '코치' 또는 '어드바이저'라는 용어를 사용하고 있다는 점은 우리 학교 교육에, 그리고 교사의 역할 변화에 시사하는 바가 크다.

4) 이론을 가르칠 것인가, 실제 삶의 문제를 가르칠 것인가?

교과서 이론을 가르칠 것인가, 실제 삶의 문제를 가르칠 것인가? 듀이에 따르면 오늘날 학교에서 가르치는 대부분의 교과 또는 학문은 실제 삶의 문제를 해결하려는 과정에서 발전해 왔다. 예컨대 기하학은 나일강의 범람으로 경작지의 경계가 무효화되는 문제를 해결하기 위한 고민을 거듭하면서 발전했다. 그래서 듀이는 학교가 '교육자의 교과 subject-matter of educator'가 아니라 '학습자의 교과 subject-matter of learner'를 가르쳐야 한다고 주장했다. '교육자의 교과'란 사고의 결과인 이론이나 정당화의 맥락에서 작동하는 논리를 의미하며, '학습자의 교과'란 사고의 과정, 발견의 맥락, 실제적인 사고 등을 뜻한다. 듀이에 따르면 학습자의 교과는 놀이와 일, 역사와 지리, 과학이라는 순서로 발달한다. 학습자의 교과의 첫 번째 단계는 몸과 손을 움직이는 활동인 '놀이나 일'이며, 두 번째 단계는 의사소통 활동인 '역사와 지리'이고, 세 번째 단계는 합리적이고 논리적인 사고 활동인 '과학'이다. 학생들이 이런 학습자의 교과 발달 과정을 따라 학습하면 학생들은 나중에 자연스럽게 교육자의 교과를 이해하는 수준에 이르게 된다. 그래서 듀이는 학생들이 학교에서 학습자의 교과의 발달에 따른 다양한 활동을 경험할 수 있는 사회의 축소판이 되어야 한다고 주장하였다.

그러나 학교라는 공간이 실제 삶의 세계로부터 점점 더 유리되면서 학교는 실제 삶과는 무관한 이론을 교과서를 통해 가르치고 배우는 곳으로 변질되었다. 우리는 삶과는 유리되어 교과서 이론을 가르치는 전형적인 사례를 수학 교육에서 찾아볼 수 있다. 2부에서 살펴본 울프램의 '실제 세계 관련 수학 교육' 사례에서 알 수 있듯이 학생들은 수학 교과서에서 탈맥락적으로 제시된 수식 문항을 접한다. 학생들은 그 문제를 왜 풀어야 하는지, 그런 문항이 우리에게 도대체 어떤 의미를 지니는지에 대해 질문하거나 이해할 기회조차도 얻지 못한다.

예컨대 많은 학생은 수학 수업에서 복잡하고 어려운 미적분 문제에 접하면서 수학을 포기한다. 왜냐하면 여러 공식과 새로운 용어들을 암기해야 할 뿐만 아니라 복잡하고 어려운 계산을 반복해야 하기 때문이다. 그러나 많은 사람은 실제 삶에서 뭔가가 점점 커지거나 줄어드는 변화, 즉 미적분에 관심을 가지고 있다. 그래서 실제 삶과 연관시켜 미적분 개념을 이해하고 삶의 여러 장면에서 부딪히는 미적분 문제를 다양한 컴퓨터 솔루션을 이용해 해결

법을 찾는 교육을 할 수도 있다. 수학 수업을 교과서에 나오는 수식의 계산 문제를 풀이하는 공부 시간으로 간주하기보다는 실제 삶의 장면에서 부딪히는 여러 문제 해결을 위한 공부 시간으로 이해하게 된다면 학생들은 공부에서 의미를 찾을 수 있을 것이다. 그리고 단순 계산을 컴퓨터 솔루션의 활용으로 대체하면서 원리를 이해하는 방식으로 공부한다면 반복적인 수식 계산 문제 때문에 수학을 싫어했던 많은 학생이 수학을 좋아할 수도 있다.

실제 삶의 문제를 가르치는 대표적인 학습법으로 '문제 해결 학습Problem Solving Learning: PSL'과 '문제 기반 학습Problem Based Learning: PBL'이 있다. '문제 해결 학습'은 주어진 문제의 '해결', 즉 문제의 답을 찾는 데 일차적인 관심을 갖는다. 물론 '문제 해결 학습'도 문제의 답을 찾는 과정에서 틀렸을 경우에 어디서, 왜 틀렸는지에 대한 자기 반성을 통해 새로운 지식이나 능력을 배워 나간다. 그런 점에서 '문제 해결 학습'은 단순히 교과서 이론을 배우는 것보다 더 바람직한 학습법이다. '문제 기반 학습'은 문제의 답을 찾는 것보다는 문제 자체를 중심에 놓고 문제의 맥락, 문제와 관련된 다양한 변인 또는 특징 등을 포괄적으로 분석하면서 문제에 대한 심층적인 이해와 해결을 시도하는 학습 방법이다. 그래서 '문제 기반 학습'에서는 문제 자체가 중요한 교육 내용이 된다. '문제 해결 학습'과 '문제 기반 학습' 모두 문제를 다루는 학습법이라는 공통점을 지니고 있지만, 그럼에도 불구하고 이 둘 사이에는 커다란 차이가 있다.

'문제 해결 학습'과 '문제 기반 학습'의 차이는 다음과 같은 3가지 차원에서 생각해 볼 수 있다. 첫째, '문제 해결 학습'은 일반적으로 정답이 있는 명료한 문제를 가지고 시작한다. 반면에 '문제 기반 학습'은 문제 자체가 애매하고 불확실하며 정답이 없는 문제로 시작한다. '문제 해결 학습'은 닫힌 문제로 시작한다면 '문제 기반 학습'은 열린 문제로 시작한다. 둘째, '문제 해결 학습'은 관련 단원이나 주제를 학습한 후 학습한 내용을 학생이 얼마나 잘 이해했는지 파악하기 위해 인위적으로 만든 문제를 제시하여 학생으로 하여금 풀게 하는 학습법인데 반하여, '문제 기반 학습'은 학생이 삶의 과정에서 부딪히는 실제적인 문제를 찾아 학습을 진행하는 학습법이다. '문제 기반 학습'에서는 문제의 발견 맥락, 다양한 변인이나 특징 등을 분석하면서 문제를 이해하고 해결해 나가는 학습법이다. 셋째, '문제 해결 학습'은 구조화된 문제를 가지고 하는 학습법인데 반하여, '문제 기반 학습'은 비구조화된 문제를 가지고 하는 학습법이다. 구조화된 문제란 일반적인 개념이나 규칙 등을 적용해서 풀 수 있는 문제여서 누가 풀든 정답이 같은 문제이다. 이에 반해, 비구조화된 문제란 다양한 해결 방안이 있을 수 있는 문제로서 주어진 상황이나 조건에 따라 답이 달라질 수 있다. 따라서 '문제 해결 학습'과 '문제 기반 학습'은 학습에서 '문제'를 활용하는 학습법이라는 공통점을 지니지만, 이들이 활용하는

'문제의 성격'이 서로 다르다는 차이점 또한 지닌다. '문제 해결 학습'은 인위적으로 만든 구조화된 문제 그리고 닫힌 문제를 활용하는데 반해, '문제 기반 학습'은 우리 삶에 존재하는 실제적인 문제 즉 비구조화된 열린 문제를 활용한다.

요즘 유행하는 학습법으로 또 다른 '문제 기반 학습'인 '프로젝트 기반 학습Project Based Learning'이 있다. '문제 기반 학습'과 '프로젝트 기반 학습'은 상당한 유사성이 있다. 다만 수업 내용이 '문제'인가 '프로젝트'인가라는 차이만이 있을 뿐이다. 그러나 문제보다는 프로젝트가 좀 더 포괄적인 개념으로 복잡성과 비구조화의 정도가 더 클 뿐만 아니라, 학생들이 프로젝트를 선정하고 진행하는 과정에 자기 주도적 또는 협력적으로 참여하면서 다양한 유형의 의사 결정을 행사할 수 있다. 그런 점에서 '프로젝트 기반 학습'이 '문제 기반 학습'보다 비판력과 창의력, 의사소통 능력과 협업 능력 등 미래 사회가 필요로 하는 역량을 길러 주는 데 좀 더 적합한 학습법이라고 보는 관점도 있다. 그러나 '프로젝트 기반 학습'과 '문제 기반 학습'의 차이는 생각만큼 크지 않다. 그리고 프로젝트를 문제로 제시하거나 문제가 프로젝트와 유사할 경우에 이 둘은 사실상 같은 학습법이라고 볼 수 있다. 따라서 우리는 '문제 기반 학습'과 '프로젝트 기반 학습'의 차이보다는 '문제·프로젝트 기반 학습'과 '문제 해결 학습' 간의 차이에 더 주목할 필요가 있다.

4차 산업 혁명 시대의 학교에서는 학생들에게 교과서 이론을 가르치기보다는 실제 삶의 문제와 연관된 '프로젝트 학습'을 강조할 필요가 있다. 예컨대 오염된 물을 정화하는 '정수기 만들기 프로젝트'를 수행하는 상황을 가정해 보자. 과학 교과서에서 '정수기를 만들어 보자.'라는 프로젝트가 주어진다. 학생들은 교과서의 지시대로 필요한 재료들을 준비하여 특별한 문제의식 없이 교과서에 제시된 절차를 따라 정수기를 만든다. 심한 경우에는 학교 앞 문방구에서 '정수기 만들기 키트'를 사 와서 조립한다. 이런 '가짜 프로젝트 학습'에서 학생들은 왜 정수기를 만드는지, 정수기 만들기를 통해서 무엇을 학습할 것인지 등을 제대로 이해하지 못한다. 그러나 수도 시설이 없는 강원도 오지 마을에서 활용 가능한 정수기를 만드는 프로젝트를 진행한다고 가정해 보자. 학생들은 만들 정수기를 사용할 오지 마을의 여러 특성을 파악하고, 그 지역에서 쉽게 구할 수 있는 재료를 활용하여 실제로 정수를 잘 해낼 수 있는 정수기를 만들려고 시도할 것이다. 다시 말해 학생들은 실제 삶의 맥락에서 구체적인 목적 의식을 가지고 그곳에서 필요로 하는 정수기를 만들고자 한다. 학생들이 맹목적으로 뭔가를 만드는 프로젝트를 진행하기보다는 특정 목적의식을 가지고 뭔가를 할 때 더 적극적으로 관련 활동에 종사하며 더 많은 것을 배울 가능성이 있다. 이런 프로젝트 학습이 '진짜 프로젝트 학습'이다. 그리고 이런 프로젝트 학습이 3부에서 살펴본 스탠포드 2025 연구진이 제안한 '목적 중심의 학습purpose learning'의 적절한 사례이다.

우리는 프로젝트 학습의 성공적인 사례를 올린공과대학교에서 찾을 수 있다. 올린공과대학교의 프로젝트 학습은 4가지 특징을 지닌다. 첫째, 1학년 학생들은 '자연 디자인Design Nature' 과목을 필수로 이수해야 한다. 이 과목은 '행하면서 배우는do-learn' 형태의 과목으로 헤엄치는 물고기, 뛰는 딱정벌레 등과 같은 생물학적 시스템을 모방한 기계 장난감을 디자인하고 만든다. 둘째, 1학년 학생들은 공학, 대수, 물리를 통합한 '블록 과목course blocks'을 이수하면서 이들 세 과목 간의 관계를 탐색한다. 셋째, 학생들은 '열정 추구passionate pursuits'라는 비학위 과정을 통해 한 학기 동안 자신이 관심 두는 분야에서 지적 또는 학문적 프로젝트를 수행할 수 있다. 예컨대 학생들은 학교의 재정 지원으로 동전 압축기를 만들거나 무선으로 조정되는 미니 비행기를 만들 수 있다. 넷째, 4학년 학생들은 실제 삶의 세계와 관련된 캡스톤 프로젝트를 수행한다. 학생들은 캡스톤 프로그램 문제를 기업 등으로부터 의뢰받고 재정 지원도 받는다. 올린공과대학교 교육 전체가 프로젝트 학습 중심으로 구조화되어 있다. 이런 올린공과대학교 프로젝트 학습이 형식은 있되 내용은 없는 '가짜 프로젝트 학습'이 아니라 형식과 내용을 모두 갖춘 '진짜 프로젝트 학습'이다.

3부에서 살펴본 미국 메트고등학교도 교과서 이론보다는 실제 삶의 세계와 관련지어 학생들이 공부하는 좋은 사례에 해당한다.

메트고등학교 학생들은 자신이 관심 있는 분야에서 인턴 교육을 받을 수 있다. 주 5일 중 2일을 학교 밖의 실제 삶의 현장으로 나가 멘토 아래서 인턴으로 일하면서 배운다. 인턴을 반드시 학교 수업 시간에 맞춰 할 필요도 없다. 멘토의 사정에 따라 저녁 시간이나 주말에도 인턴을 할 수 있다. 이처럼 학생이 관심을 가지는 분야에서 실제 삶의 문제와 관련지어 학습할 때에 학생들은 학습할 내용에 더 많은 관심을 가지고 더 적극적으로 참여한다.

요컨대 올린공과대학교나 메트고등학교뿐만 아니라 3부에서 소개한 많은 학교는 교과서 이론을 가르치는 교육보다는 실제 삶의 세계 문제에 기반한 교육을 실천하고 있다. 그럴 때 학생들은 학교 교육을 보다 의미 있게 받아들이고, 이에 몰입하면서 미래 사회가 필요로 하는 역량을 기르기 위해 노력한다. 미래 사회의 학교에서는 교과서 이론을 가르치는 교육이 아니라 실제 삶의 문제를 해결하는 프로젝트 학습을 강화할 필요가 있다.

5) 교실 안인가, 교실 밖인가?

교사의 티칭을 강조하는 '교수 우선주의' 교육에서 수업은 주로 칠판이 걸린 교실에서 이루어진다. '교수 우선주의' 교육을 받아 온 사람들은 학교 하면 무엇보다도 칠판이 걸린 교실이 생각날 것이다. 교사의 수업은 대부분 교실 안에서 칠판과 분필을 활용하는 강의식 수업으로 이루어진다. 그러나 개인 맞춤형 학습을 강조하는 '학습 우선주의' 교육에서는 학습의 장이 다원화되고 학습의 도구 또한 다양해진다. 학생에게는 교실 안뿐만 아니라 교실 밖, 학교 밖의 모든 공간이 학습의 장이 될 수 있으며, 칠판과 분필 외에도 다양한 스마트 기기 등이 교육의 중요한 도구가 될 수 있다.

미래 사회에서 학교 교육은 학습 도구 및 학습장과 관련하여 다음과 같은 3가지 특징을 지닌다. 첫째, 학교에는 칠판이 걸린 교실 외에도 다양한 학습 공간이 필요하고, 둘째, 교과서 외에도 다양한 스마트 기기가 교육의 중요한 도구가 되며, 셋째, 학교 밖의 세계, 즉 지역 사회 전체가 학습의 장이 될 것이다. 이들 각각에 대해 좀 더 자세히 살펴보자.

첫째, 미래 사회의 학교에는 칠판이 걸린 교실 외에도 다양한 학습 공간이 필요할 것이다. '교수 우선주의'를 '학습 우선주의'로 대체하면 학교의 학습 공간 배치나 구성에도 많은 변화가 일어날 것이다. '교수 우선주의' 교육에서는 무엇보다도 교사가 티칭할 공간이 중요했다. 그래서 학교에는 한 반 학생들이 들어갈 수 있는 일반 교실, 각 교과의 특성에 맞는 교육이 가능한 특별 교실이나 교과 교실, 분반 수업이나 합반 수업을 위한 소규모 또는 대규모 교실 등이 있었다. 그러나 이런 교실들은 대체로 한 명의 교사가 다수의 학생을 대상으로 수업하는 공간이라는 공통점을 지닌다. 그러나 '학습 우선주의' 교육에서는 무엇보다도 학생이 학습할 수 있는 다양한 공간이 필요하다. 학생 혼자서 학습할 수 있는 공중전화 부스 같은 공간부터 두 명이 함께 공부할 수 있는 공간, 대·중·소규모로 세미나를 할 수 있는 공간, 학생들이 혼자서 책을 읽거나 문제를 풀 수 있는 조용한 공간, 스마트 기기를 가지고 개별 학습이나 집단 학습을 할 수 있는 인터넷 시설·설비가 갖추어진 공간, 외부 인사 등이 특강할 수 있는 극장식 계단이 있는 강의실 등 다양한 유형의 공간이 필요하다. 이외에도 덴마크의 외레스타드 김나지움이나 헬룹 학교처럼 '열린 공간'이 필요할 수도 있다. 왜냐하면 이런 열린 공간에서는 필요할 때마다 책상이나 책장 등 가구 재배치 등을 통해 수시로 최적의 학습 공간을 만들 수 있기 때문이다. 요컨대 미래의 학교에서는 학습 공간을 표준화된 일반 교실로만 꾸미기보다는 학생들의 개별 학습이나 집단 학습이 가능한 다양한 유형의 학습 공간을 만들 필요가 있다.

둘째, 미래 사회에는 교과서 외에도 다양한 스마트 기기가 교육의 중요한 도구가 될 것이다. 미래 사회 대부분의 학습은 스마트 기기를 통해 이루어질 것이다. 우리는 스마트 기기를 적극적으로 활용하는 교육 사례를 앞의 2부와 3부에서 이미 살펴보았다. 폴 김의 '외계인 교수법', 수가타 미트라의 '벽 안의 구멍', 니콜라스 네그로폰데의 '한 학생에게 노트북 컴퓨터 한 대 주기 운동' 등은 교사의 가르침 없이도 학생이 스마트 기기를 통해 스스로 학습할 수 있음을 보여 준다. 더 나아가 이들 사례는 멕시코, 인도, 아프리카 등 전기조차 없는 오지 마을에서도 스마트 기기를 활용하는 교육이 시도되고 있음을 보여 준다. 이 점에서 인터넷 강국이라는 우리나라가 학교 교육에서 스마트 기기를 얼마나 활용하고 있는지 자문해 볼 필요가 있다. 미국의 '칸 랩 스쿨'이나 네델란드의 '스티브 잡스 스쿨'에서는 개인용 스마트 기기에 내장된 다양한 디지털 교육 프로그램을 활용하여 학생들은 자신의 수준에 맞는 내용을 자신의 속도에 맞추어 스스로 공부한다. 이와 같이 미래 학교에서는 유무선을 통해서 인터넷 접속이 가능한 곳이면 어디든지 의미 있는 학습 공간이 될 것이다. 그리고 많은 학습이 스마트 기기를 통해 이루질 것이므로 스마트 기기를 활용해 학습할 수 있는 공간을 확보하는 것이 매우 중요하다. 따라서 높은 울타리가 쳐진 학교라는 공간, 칠판 걸린 교실, 동일한 교실로 채워진 학교 건물은 더 이상 교육의 필요 조건이라고 보기 어렵다. 학생의 학습을 촉진하고 지원할 수 있는 공간이면 어디든 학교로 기능할 수 있다. 이제 우리는 칠판, 교실, 건물, 울타리를 연상하는 학교에 대한 고정 관념을 깨뜨릴 필요가 있다.

우버의 차량 공유 서비스 이야기: 갈라파고스가 된 대한민국

미국이나 유럽에서 일상생활에 커다란 변화를 불러일으키면서 많은 사람의 관심을 끌고 있는 차량 공유 서비스인 '우버'에 대해 이야기해 보고자 한다. 첨단 IT 테크놀로지를 활용하는 우버의 차량 공유 서비스가 많은 나라에서 적극 활성화되고 있는데 비하여 우리나라에서는 법적, 제도적 제약으로 인해 거의 활용되지 못하고 있다. 우버를 사용하는 많은 나라에서는 일상생활에 어떤 변화가 생겼을까? 이를 거론하기 전에 우버의 작동 방식부터 간략히 살펴보자.

도시마다 다르지만 우버가 제공하는 공통적인 차량 공유 서비스는 가격대, 합승 여부, 차종 등에 따라 크게 4가지로 구분된다. 우선 가격대에 따라 '프리미엄'으로 구분되는 우버 BLACK이 있고, '이코노미'로 구분되는 우버 X, 우버 XL, 우버 POOL이 있다. 우버 BLACK은 국내의 모범택시와 비슷한 개념으로 생각하면 된다. 우버 BLACK 차량들은 상업용으로 등록되고 보험도 가입되어 있으며 전문 기사가 운전한다. 우버 X는 일반 택시에 가장 유사한 서비스로 4인용 승용차급 차량을 이용하는 서비스이다. 5인 이상이 한 차량으로 이동하고 싶을 때에는 SUV나 미니 밴 등의 6인승 차량을 제공하는 우버 XL을 선택한다. 우버 POOL은 방향이 비슷한 사람들이 함께 활용하는 합승 차량 공유 서비스이다. 가격이 가장 저렴한 대신에 모르는 합승객과 차량을 공유하고, 합승객의 승차를 위해 차량이 돌아가는 불편을 감수해야 한다. 싼 가격부터 비싼 가격 순으로 제시하면 우버 POOL, 우버 X, 우버 XL, 우버 BLACK순이다. 서비스 이용료는 거리, 시간대, 수요 등에 따라 매번 달라진다. 우버 차량 공유 서비스 이용 가격은 대체로 택시의 60~70% 정도에 해당하며, 결제는 사전에 앱에 등록한 신용 카드를 통해 자동으로 이루어진다. 누구든지 우버 앱을 다운받아 등록하면 곧바로 승객이나 운전자가 되어 서비스를 이용할 수 있다. 승객이 출발지와 도착지를 입력하면 위의 4가지 서비스별 가격, 예상 도착 시간 등을 비교한 후 자신의 필요에 맞추어 서비스를 선택하여 이용할 수 있다.

우버의 등장은 단일 도시 또는 국가 내외에서의 차량 이용 경험을 변화시켰다. 우버 운전자 중에는 우버 운전을 전업으로 하는 사람들도 있지만, 비는 시간 동안 새로운 사람을 만날 겸 용돈벌이 겸 하는 시민들, 이웃들도 상당수 있다. 그렇기에 승객도 운전자를 단순히 운전자로 대하기보다는 이웃으로 대하게 된다. 이동하면서 도시 내 숨겨진 맛집이나 스포츠 팀에 대해서 이야기하는 것은 자연스러운 풍경이다. 운전자 역시 자발적으로 승객을 위해 물이나 사탕 등을 준비한다. 우버의 승객 및 운전자는 모두 평점을 부여받는데, '친절함friendliness'이나 '즐거운 대화 여부pleasant conversation'가 주요 지표가 된다.

우버는 여행 경험도 변화시켰다. 우버 앱을 내려받으면 미국에서뿐만 아니라 유럽이나 남미에서도 차량 공유 서비스를 이용할 수 있다. 이제 우리는 프랑스에서뿐만 아니라 페루에서도 우버의 차량 공유 서비스를 편리하게 이용할 수 있다. 샌프란시스코에서 내려받은 바로 그 앱, 그리고 그 앱에 등록되어 있는 바로 그 신용 카드를 이용하여 파라나리마에서도 거의 같은 방식으로 서비스를 이용할 수 있다. 언어가 통하지 않더라도 우버가 가능한 도시라면 앱 하나를 통해 언제든 내 호텔로 무사히 돌아갈 수 있다는 사실이 얼마나 든든한지 모른다.

하지만 우버가 여러모로 회자되는 것은 우버가 차량 이용 경험뿐만 아니라 경제 생태계에 끼친 파급력 때문일 것이다. 면허를 취득한 지 1년 이상이 지났으면 우버 기사로 등록하여 전업으로 또는 부업으로 활동할 수 있다. 달리 말하면 우버 차량 공유 서비스로 인하여 많은 사회적 편의와 일자리가 주어진다. 그리고 더 중요한 변화는 차량 소유가 필수였던 미국에서 자기 차를 소유할 필요가 없어진다는 점이다. 보스턴 컨설팅 그룹에 따르면 2030년에는 미국 내 차량 이동의 25%는 차량 공유 서비스 등 새로운 이동 서비스mobility service를 통해 이루어질 것이라고 한다. 우버는 개인의 차량 소유 방식을 바꾸었을 뿐만 아니라 차량 공유로 인하여 교통 체증이나 주차장 문제를 해결하는 데도 기여하고 있다. 요컨대 IT 기술의 발달은 차량 공유 서비스인 우버 등의 산업을 가능하게 하였고, 우버 산업은 차량 소유 방식, 교통 체증, 주차장 문제 등을 해결하는 연쇄 효과를 낳고 있다.

이런 우버 차량 공유 서비스를 한국에서는 이용할 수가 없다. 여러 규제 때문에 그리고 이해관계자들의 반대 때문에 서비스 이용이 어렵다. 그런데 세계 여러 나라를 여행하는 사람들의 관점에서 보면 한국은 점점 외딴 섬과 같은 갈라파고스가 되어 가는 느낌이 든다. 세계 최고의 IT 인프라를 갖추고 있으면서도 차량 공유 서비스뿐만 아니라 핀테크, 원격 진료 등 여러 분야에서 각종 규제와 이해관계자들의 반대 때문에 관련 기술을 적극 활용하지 못하고 있다. 교육에서도 동일한 현상이 나타나고 있다. 이미 모든 학생의 신체 일부로 간주되는 스마트폰을 포함하여 각종 모바일 기기를 교육에서는 거의 활용하지 못하고 있다. 3부에서 살펴본 것처럼 이미 여러 나라의 학교에서 교육용 소프트웨어가 깔린 스마트 패드를 활용하여 개인 맞춤형 교육을 하고 있다. 우리나라 학교에서는 언제쯤 스마트 기기를 활용한 개인 맞춤형 학습을 할 수 있을까? 세계 최고의 IT 인프라를 갖추고도 각종 스마트 기기를 학교 교육에서 적극적으로 활용하고 있지 못한 현실이 안타까운 것은 나만의 생각일까?

셋째, 미래 사회에서는 학교 밖의 세계인 지역 사회 전체가 학습의 장으로 기능할 것이다. 그래서 학교 안과 밖의 경계를 낮춰서 학교와 지역 사회가 함께 다양한 교육적 활동을 수행할 수 있는 방안을 강구할 필요가 있다. 미래 사회에서 필요로 하는 '개인 맞춤형 교육'과 '실제 삶의 문제 해결 교육'을 동시에 충족시키려면 상당한 분량의 교육은 학교 밖에서 이루어질 수밖에 없을 것이다. 덴마크의 외레스타드 김나지움에서는 학생들이 수시로 지역 방송국이나 미디어 센터 등을 찾아가서 학습하고, 방송이나 미디어 전문가들이 수시로 학교에 찾아와 강의나 특강을 한다. 미국의 메트고등학교에서는 학생들이 주 5일 중 2일을 관심 있는 분야의 멘토 직장으로 찾아가 인턴 생활을 하면서 학습한다. 100% 온라인 수업을 하는 미네르바 스쿨은 세계 7개국의 도시에 있는 기숙사로 옮겨 다니면서 학습한다. 미네르바 스쿨은 학생들을 대학 시설에 묶어 놓기보다는 세상 속으로 나가서 다양한 것을 경험하면서 학습하도록 유도한다. 미네르바 스쿨은 자체의 대학 캠퍼스, 강의실, 도서관, 체육관 등의 시설이 없는 것은 약점이 아니라 강점이라고 생각한다. 미네르바 스쿨의 설립자인 넬슨은 도서관이나 체육관 등은 필요하면 언제든지 시립 또는 공공 관련 시설물을 활용하라고 권한다. 미네르바 학생에게는 기숙사뿐만 아니라 세계 7개 도시 자체가 학습장이다. 요컨대 미래 사회에서는 학교의 담을 낮춰 학교 안과 밖의 교류를 증진시킬 필요가 있다. 학생들은 필요하면 언제든지 학교 밖으로 나가고, 다양한 지역 사회 전문가들이 수시로 학교 안으로 들어와서 학생 개개인의 꿈과 끼를 실현할 수 있는 교육 환경을 만들어 갈 필요가 있다.

'학교의 미래, 미래의 학교'의 윤곽을 그리며

이 책에서는 미래 사회에 적합한 학교 교육의 방향 설정에 대한 문제의식을 가지고 이에 대해 사회적 합의를 도출하는 데 일차적인 관심이 있었다. 그래서 미래 사회의 학교나 교육을 위한 구체적인 정책 방안이나 실천 전략에 대해서는 별로 다루지 않았다. 이 책의 논의를 마무리하기 전에 미래의 학교 또는 학교의 미래에서 예상되는 최소한의 특징에 대해 간략히 언급하고자 한다.

미래의 학교는 국가의 관리와 통제하에서 모두에게 동일한 또는 획일적인 교육을 제공하는 근대적인 학교 교육의 한계를 극복할 것이다. 그 대신 지역이나 학교마다 학생 개인의 특성에 맞는 교육을 다양한 형태로 제공할 것으로 예상된다. 그럼에도 불구하고 미래 학교에서는 다음과 같은 교육의 3가지 경향성이 두드러질 것이다.

첫째, 개인의 학습 목표나 자기 속도에 맞춘 '개별 학습'이 강화될 것이다. 국어, 영어, 수학처럼 내용의 위계가 분명한 이른바 '도구 교과'에서는 학생들이 자신의 수준이나 속도에 맞추어 개별적으로 또는 자기 주도적으로 학습하는 개인 맞춤형 학습이 이루어질 것이다. 이들 교과에서는 학생들이 교과 관련 학습용 소프트웨어가 내장된 스마트 기기를 가지고 자신이 직접 세운 '개별 학습 목표'를 달성하기 위해 자기 속도에 맞춰 스스로 학습하는 것이 보편화될 것이다. 개별 학습을 통해 학생들은 관련 교과의 역량을 자신의 능력과 노력만큼 개발할 수 있게 된다. 이러한 개별 학습이 효과적이고 효율적으로 이루어질 수 있도록 학교는 학생들이 스마트 기기를 가지고 편하게 학습할 수 있는 학습 공간을 마련해 줄 필요가 있을 것이다.

둘째, 세미나 또는 워크숍 형태의 '집단 학습'이 강화될 것이다. 사회, 과학 등과 같은 이른바 '내용 교과'에서는 학생들이 함께 조사, 연구하고, 실험·실습한 내용을 세미나 워크숍 등의 형태로 발표하고 토론하면서 문제를 발견, 설계, 해결하는 방식의 학습이 보편화될 것이다. 모둠으로 조사, 연구하고 발표, 토론하는 과정을 통해 학생들은 비판적이고 창의적인 역량뿐만 아니라 협력하고 소통하는 역량 또한 기를 수 있을 것이다. 따라서 학생들이 모둠으로 조사, 발표하거나 실험·실습할 수 있는 공간과 이들이 함께 모여 세미나나 워크숍 등을 진행할 수 있는 공간이 필요하게 될 것이다.

셋째, 도제 교육 또는 인턴제와 같은 '현장 학습'이 강화될 것이다. 학생이 관심이나 열정을 가지고 있는 분야에서 전문가를 찾아 교육을 받는 도제 교육 또는 인턴제가 활성화될 것이다. 학생이 가지고 있는 다양한 잠재력, 꿈과 끼 등을 학교에서 모두 개발하고 길러 주는 데는 분명 한계가 있다. 따라서 학생들은 예체능이나 진로·직업 등의 관련 교과목 분야에서 자신의 관심과 열정, 잠재력을 길러 줄 수 있는 전문가를 찾아 학교 밖으로 나가거나 학교 밖의 다양한 전문가가 학교로 와서 학생들을 개별 또는 집단으로 지도하는 도제 교육 또는 인턴제가 보편화될 것이다. 이처럼 학생들이 뭔가를 직접 해 보면서 몸으로 체득하는 경험 학습이 가능하도록 도제 교육 또는 인턴제 등과 같은 현장 학습 지원 시스템이 필요하게 될 것이다.

이상의 내용을 요약하면 미래의 학교에서 학생의 학습은 ① 스마트 기기 등을 활용하는 개별 학습, ② 세미나 또는 워크숍 등을 통한 집단 학습, ③ 전문가의 지도를 통한 현장 학습으로 삼원화될 가능성이 있다. 교사가 가르치는 '교육 활동'보다는 학습자가 배우는 '학습 활동'이 더 강조될 것이며, 스마트 기기 등 첨단 테크놀로지는 교육의 보편적인 도구로 활용될 것이다.

따라서 미래 학교에서는 교육과정, 교과서, 수업, 평가 등이 현재와는 근본적으로 달라질 것이다. 학교의 공간과 시간을 분할하는 방식도 현재와는 현저하게 달라질 것이다. 또 학교 안과 밖을 나누는 경계선은 대폭 낮아지거나 사라질 것이다. 이러한 특징을 가질 것으로 예상되는 미래의 학교 교육은 현재와는 매우 다른 지원 체제가 필요할 것이다. 따라서 현재의 학교 교육의 패러다임은 해체되고 새로운 패러다임의 교육이 시작되는 파괴적 혁신이 일어날 것이다. 앞에서 살펴본 칸 랩 스쿨, 스티브 잡스 스쿨, 메트로고등학교의 교육의 특징을 종합하면 미래 사회에 적합한 학교 교육의 윤곽을 흐릿하게나마 짐작할 수 있지 않을까 생각한다.

3. 학교 교육의 새로운 대안: '교육의 항해 모형'

인류 역사에서 학교가 등장한 시기를 추적하면 2,500년 이상 거슬러 올라갈 수 있다. 수렵·채집 시대에도 원시적인 형태로나마 교육은 존재했을 것이다. 그리고 역사의 특정 시점부터는 학생들을 한곳에 모아 놓고 교육시키는 학교도 존재했을 것이다. 그러나 역사가 발전하고 정치, 경제, 사회, 문화 등의 제반 조건이 변화하면서 학교의 모습뿐만 아니라 학교에서 가르쳐야 할 내용과 방법 등 많은 것이 시대의 필요에 맞게 변화해 왔다. 이번 장에서 필자는 인류 역사를 걸쳐온 학교 교육의 변화를 '학교 교육 1.0'에서 '4.0'까지로 구분하고 각 학교 교육의 특징을 설명하는 모형을 제시할 것이다. 필자는 산업 혁명 이후 등장한 '학교 교육 2.0'과 '3.0'을 각각 '철로 모형', '도로 모형'으로 명명하고 그 특징을 논한 후, 미래 사회가 필요로 하는 새로운 패러다임의 교육을 '학교 교육 4.0', 즉 '항해 모형(김재춘·배지현, 2016)'으로 제안하면서 우리나라 학교 교육이 나아갈 방향을 탐색하고자 한다.

앞에서 살펴본 것처럼 오늘날 우리가 경험하고 있는 유형의 학교 교육인 근대 학교 교육은 1, 2차 산업 혁명의 산물이다. 산업 혁명 이전에도 학교가 있기는 했지만 그것은 소수의 선택받은 사람들을 위한 학교로서 교육의 성격과 형식 등이 지금과는 매우 달랐다. 이처럼 소수 귀족이나 부유층을 대상으로 하는 산업 혁명

이전의 학교 교육을 편의상 '학교 교육 1.0'이라고 명명한다. 그 후 18~19세기를 거치면서 대중을 대상으로 무상 의무 교육을 실시하는 학교 교육 체제, 즉 학령기 아동의 대다수가 교육을 받는 근대 학교 교육 체제가 생겨났다. 근대 학교 교육 체제는 대량 생산이 가능한 공장을 모델로 삼아 대중에게 무상 의무 교육을 제공하기 위한 목적에서 구축되었다. 학교는 학생들이 알아야만 한다고 생각되는 공통 지식을 전달하는 것을 중시했다. 그리고 학교는 지식을 지닌 교사가 백지 상태의 학생에게 지식을 전달하는 공간으로 간주되었다. 이처럼 대중 무상 의무 교육 체제에서 학생의 지식 습득을 강조하는 교육을 '학교 교육 2.0'이라고 명명한다.

'학교 교육 2.0'은 무지한 상태에 있는 학생들에게 지식을 전달하여 앎의 상태에 이르도록 도와주는 것을 '교육'으로, 지식을 소유한 자를 '교육받은 사람'으로 간주한다. 또 사회에서 중요하게 여겨지는 지식을 효율적인 방법으로 전달하는 것을 강조한다. 여기에는 '동일성과 정체성의 원리'가 내재되어 있다. 사회가 중요하다고 생각하는 지식을 모든 학생에게 동일하게 가르치고자 한다는 점에서 동일성의 원리가 작동한다. 이러한 지식을 습득함으로써 학생들은 교육받은 사람으로 여겨진다는 점에서 정체성의 원리도 작동한다. 이처럼 모든 학생에게 동일한 내용을 동일한 방법으로 가르치는 교육을 '교육의 철로 모형'이라고 부를 수 있다. 철로 모형에서는 도달해야 할 목적지와 경로가 이미 정해져 있다.

목적지에 이르는 단 하나의 길만이 존재한다. 요컨대 학교 '교육 2.0'은 모든 학생에게 동일한 내용과 방법의 교육을 강조한다는 점에서 '교육의 철로 모형'이라고 부를 수 있다. 이를 그림으로 제시하면 [그림 7]과 같다.

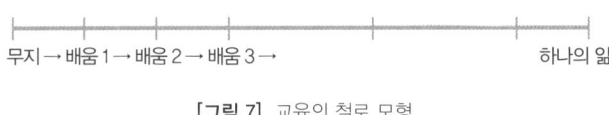

[그림 7] 교육의 철로 모형

그러나 3차 산업 혁명, 즉 컴퓨터와 인터넷의 등장으로 지식의 검색과 공유가 쉬워지면서 지식의 습득이나 소유는 학교 교육에서 상대적으로 중요성을 잃게 되었다. 그래서 지식의 습득에 가치를 두기보다는 지식을 활용하여 문제를 해결하는 역량에 주목하기 시작했다. 예컨대 '문제 해결 학습problem-solving learning'처럼 지식을 활용해 문제를 해결하는 것을 강조하였다. 이같이 지식의 습득이나 소유 자체를 강조하기보다는 지식을 활용하여 문제를 해결하는 학습을 강조하는 교육의 유형을 '학교 교육 3.0'이라고 명명할 수 있다.

'학교 교육 3.0'은 지식의 습득을 넘어 지식의 활용에 중점을 둔다는 점에서 지식의 습득 자체를 중시하는 '학교 교육 2.0'보다 더 발전된 교육의 유형이라고 볼 수 있다. 이는 앞선 유형보다 교육의 내용이나 방법의 측면에서 더 열린 교육관을 전제한다. 학생들이 성취해야 할 목표는 동일하더라도 다양한 내용이나 방법을 활용하여 목표에 이를 수 있다. 이처럼 교육의 목표는 동일하지만 내용과 방법의 다양성을 허용하는 '학교 교육 3.0'은 '교육의 도로 모형'이라고 부를 수 있다. 이를 그림으로 제시하면 [그림 8]과 같다.

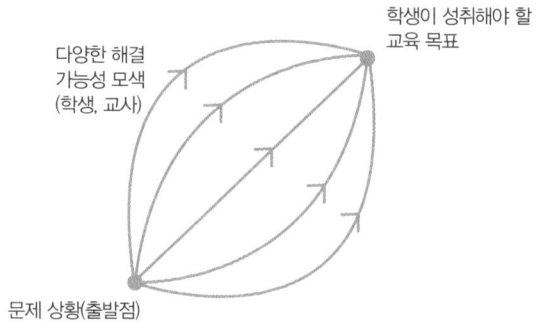

[그림 8] 교육의 도로 모형

'도로 모형'에서는 도달해야 할 목적지는 하나일지라도 목적지에 이르는 길은 하나가 아니라 여럿이 존재한다. 시속 100킬로미터 이상으로 달릴 수 있는 고속도로도 있고, 시속 80킬로미터 전후로 달릴 수 있는 간선 도로도 있으며, 시속 60킬로미터 이하로 달려야 하는 비포장 도로나 천천히 즐기며 가야 하는 전망 좋은 도로도 있다. 운전자는 자신의 운전 목적이나 취향, 제반 특징에 따라 본인에게 적합한 도로를 선택할 수 있다.

지식 습득 자체를 강조하는 '학교 교육 2.0'에서 지식을 활용한 문제 해결을 강조하는 '학교 교육 3.0'으로의 발전은 큰 진전이다. '도로 모형'에서는 교육의 내용과 방법에서 교사에게 더 많은 자율성을 부여하고 그만큼 학생의 특성을 고려하는 수업이 가능하다는 장점이 있다. 교사 주도의 획일적인 수업보다는 학생의 발표와 토론, 문제 해결 학습 등을 통해 학생의 역량을 길러 주고자 나름의 변신을 꾀하며 시도하는 수업들은 이러한 '도로 모형'에 속한다. 그러나 이 모형은 모든 학생에게 동일한 교육 목표를 설정해 둔 상태에서 결국에는 단 하나만 존재하는 '정답'을 찾는 수동적인 활동을 학생들이 수행하도록 유도한다는 한계를 지닌다.

4차 산업 혁명 시대에는 '학교 교육 2.0'이나 '학교 교육 3.0'과는 근본적으로 다른 학교 교육의 패러다임을 필요로 한다. 주어진 지식을 얼마나 빨리 습득하느냐(학교 교육 2.0) 또는 경로는 다를지 모르지만 결국 주어진 목적지인 정답을 제대로 찾아내느냐(학교 교육 3.0)는 더 이상 예전만큼 중요하지 않다. 필요한 지식은 언제 어디서든 인터넷 검색을 통해 쉽게 찾을 수 있으며, 정답이 있는 문제는 인터넷 검색이나 다양한 교육용 소프트웨어 솔루션을 통해 쉽게 해결할 수 있다.

4차 산업 혁명 시대에 필요한 교육은 바로 '학교 교육 4.0'이다. '학교 교육 4.0'에서는 정답 없는 또는 정답이 여럿인 문제와 씨름하는 학습을 강조한다. 여기서는 교육의 내용이나 방법의 다양성뿐만 아니라 교육 목표의 다양성도 중요하다. 이것은 각자의 관심이나 필요, 역량, 진로 계획 등을 고려하여 학생이 자신에게 필요하고 적절한 교육 목표를 스스로 설정할 수 있도록 허용하고 장려하는 종류의 교육이다. 학생은 자신에게 필요한 학습 목표를 스스로 설정하고 탐구할 가치가 있는 문제를 직접 찾으며, 문제 해결의 방법과 과정도 스스로 설계할 줄 알아야 한다. 그리고 자신이 발견하고 설계한 문제의 해결을 목표로 삼아 시행착오를 감내하면서도 끈기 있게 탐구하는 학습 역량도 길러야 한다. 학교는 학생 각자가 발견한 문제를 스스로 설계한 방식대로 탐구해 나갈 수 있도록 개인 맞춤형 교육을 제공하는 곳이 되어야 한다. 이런 의미에서 '학교 교육 4.0'은 '문제 발견·설계·해결 학습'을 강조한다고 볼 수 있다.

'학교 교육 4.0'은 학생이 학습해야 할 문제 자체가 외부로부터 미리 주어지지 않았을 뿐만 아니라 미리 전제된 정답도 존재하지 않는다는 점에서 세계로 활짝 열린 교육을 추구한다. '학교 교육 4.0'은 동일한 교육 내용과 방법을 추구하는 '학교 교육 2.0'이나 교육의 내용과 방법의 다양성에도 불구하고 '정답 찾기'라는 동일한 교육 목표를 추구하는 '학교 교육 3.0'보다 더 열린 교육관을 지닌다. '학교 교육 4.0'은 학생들이 거칠고 광활한 삶의 세계로 나아가 스스로 문제를 발견하거나 설계하도록 인도한다는 점에서 '교육의 항해 모형'이라고 부를 수 있다. 이를 그림으로 제시하면 [그림 9]와 같다.

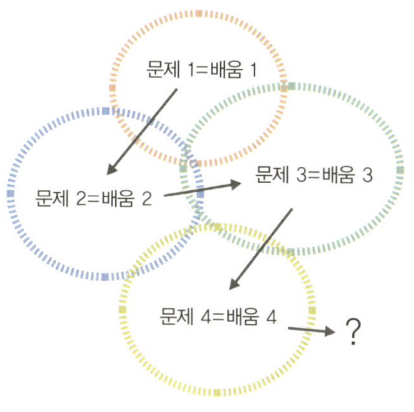

[그림 9] 교육의 항해 모형

거칠고 광활한 바다에는 철도나 도로와 같은 정해진 길이 없다. 또는 관점에 따라서는 철도와 도로와는 비교할 수 없을 만큼 무수히 많은 길이 있다. 바다에 길이 없다고 생각하든지 많다고 생각하든지 간에 '무엇을 위해 어디로 어떻게 갈 것인가?'는 항해하는 사람이 스스로 결정해야 한다. '교육의 항해 모형'은 학생 각자에게 학습의 방향이나 목표를 스스로 설정하도록 하고 문제 해결 방법도 스스로 설계하며, 여러 가능한 대안 중에서 상황에 적합한 최적의 해결 방안을 선택하도록 한다.

4. '교육의 항해 모형'의 주요 특징과 의의

> 만일 내게 나무를 베기 위해 한 시간만 주어진다면
> 우선 나는 도끼를 가는 데 45분을 쓸 것이다.
> – Abraham Lincoln –
>
> 나에게 한 시간이 주어진다면
> 문제가 무엇인지 정의하는 데 55분의 시간을 쓰고,
> 해결책을 찾는 데 나머지 5분을 쓸 것이다.
> – Albert Einstein –

이 책에서 필자는 미래 사회에서 필요로 하는 학교 교육의 새로운 패러다임으로 '교육의 항해 모형'을 제안하였다. 그렇다면 '항해 모형'은 어떤 특징과 의의를 지니는가?

'항해 모형'은 우리에게 적어도 4가지 생각거리를 제공한다. 첫째, 교육에서 학생에게 주어지는 길 또는 정해진 길은 없다. 철도든 도로든 학생이 따라가야 할 주어진 길이 없다. 학생이 가고자 한다면 자신이 가야 할 길을 직접 만들어야 한다. 둘째, 학생은 어디로 갈 것인지 방향이나 목적지를 스스로 탐색해야 한다. 목적지가 정해져야 그곳에 이르는 길을 만들 수 있다. 무엇을 하고 싶은가? 왜 그것을 하고 싶은가? 내가 과연 잘할 수 있는 것인가? 내가 이 일을 즐길 수 있는가? 셋째, 문제 해결을 위한 다양한 아이디어를 탐색해야 한다. 목적지에 이르는 길은 하나가 아니라 여럿이다. 특정 대안이 정답이라고 섣부르게 결정하지 말고 여러 가

능한 대안을 탐색해야 한다. 넷째, 여러 대안 중에서 최적의 해결책을 선택해야 한다. 항해할 때 목적지에 이르는 길이 하나가 아니라 여럿이듯이 문제에 대한 답도 하나가 아니라 여럿이 있을 수 있다. 각각의 답은 어떤 장단점을 가지고 있는가? 그중에서 어떤 해결책이 왜 가장 바람직한가? '항해 모형'에서는 이런 질문들이 매우 중요하다.

'항해 모형'의 이런 생각거리들은 학교 교육에 중요한 시사점을 제공한다. 첫째, 교육은 문제로부터 시작해야 한다. 그리고 그 문제는 실제 삶의 장면에서 도출된 문제여야 한다. 실제 삶의 장면에서 발견된 문제는 하나의 정답이나 분명한 정답을 지니지 않는 경우가 많다. 오히려 문제 자체가 불분명해서 문제 자체가 무엇을 의미하는지부터 우선적으로 명료화해야 하는 상황이 종종 발생한다. 둘째, 문제에 대한 정답이 있다기보다는 복수의 정답 후보들만이 있을 뿐이다. 문제에 대해 하나의 정답이 있다는 가정은 인위적으로 만들어진 추상적인 문제에는 타당할지 모르지만, 우리가 삶 속에서 대면하는 구체적인 문제에는 보통의 경우 타당해 보이지 않는다. 수시로 변하는 상황, 맥락, 조건에 따라 정답은 계속해서 달라질 수 있다. 즉, 유동적인 우리 삶의 상황에서는 수많은 정답 후보자만이 있다고 볼 수 있다. 셋째, 문제에 대한 해결책은 하나의 정답을 찾는 것이라기보다는 여러 가능한 대안 중에서 상대적으로 상황에 가장 적합한 답을 선택해야 하는 문제이다. 이런 점에서 '교육의 항해 모형'이 추구하는 역량은 '디자인 사고 역량design thinking skills'과 상당한 유사성을 지닌다.

디자인 사고 역량이란 무엇인가?

디자인 사고 역량이 무엇인지 알려면 '디자인 사고design thinking'가 어떤 것인지 먼저 이해할 필요가 있다. 디자인 사고란 디자이너가 디자인 과정에서 사용하는 창의적인 전략을 일컫는다. 디자인 사고는 학자에 따라 7단계, 5단계, 3단계 등 서로 다른 단계에 따른 사고로 설명된다. 5단계 디자인 사고를 예시로 제시하면 다음과 같다.

첫째, 공감하기empathize 단계(문제를 어디서, 어떻게 찾았는가?), 둘째, 문제 정의하기define 단계(해결하려는 문제는 무엇인가?), 셋째, 아이디어 도출하기ideate 단계(문제를 해결할 수 있는 아이디어는 무엇인가?), 넷째, 프로토타입 제작하기prototype 단계(어떻게 구현할 것인가?), 다섯째, 테스트하기test 단계(아이디어 보완이 필요한가?).

디자인 사고의 핵심적인 특징은 첫째, 문제가 구조화되고, 둘째, 올바른 질문이 제기되며, 셋째, 많은 아이디어가 창조되고, 넷째, 최선의 해결책이 선택되는 단계를 거친다는 점이다. 그리고 이런 단계들이 선형적으로 진행된다기보다는 동시에 일어나기도 하며 계속해서 반복된다는 특징을 지닌다. 디자인 사고 방법은 창의성, 양손잡이 사고, 팀워크, 사용자 편의성, 호기심, 낙천주의라는 특징을 지닌다. 이러한 디자인 사고는 특히 '고약한 문제wicked problems', 즉 잘 정의되지 않은 문제나 까다로운 문제의 해결에 적합하다.

미국 스탠포드대학교는 디자인 사고를 강조하는 대학으로 유명하다. '스탠포드 디자인 사고 프로그램Stanford Design Thinking Program'을 운영하는 마이넬과 라이퍼Christoph Meinel and Larry Leifer는 디자인 사고의 성공적인 운영을 위한 4가지 원칙을 제안하였다. 첫째, 인간 중심 원칙the human rule이다. 모든 디자인 활동은 인간의 관점에서 사회적 혁신을 시도할 수 있어야 한다. 둘째, 애매성 원칙the ambiguity rule이다. 디자인 사고를 하는 사람은 사물을 기존 방식과 다르게 볼 수 있도록 애매성을 간직하는 경계선적 사고를 할 수 있어야 한다. 셋째, 재디자인 원칙the re-design rule이다. 모든 디자인은 동일한 필요에 근거할지라도 환경이 바뀜에 따라 다시 이루어져야 하는 재디자인이다. 넷째, 만질 수 있어야 한다는 원칙the tangibility rule이다. 아이디어를 만질 수 있게 구체화하여 디자인해야 소통의 수단이 되어 의사소통이 가능해진다.

제4차 산업 혁명 시대에 필요한 '학교 교육 4.0'인 '항해 모형'은 학교에서 학습하는 일을 망망대해에서 바다를 항해하는 탐험가의 일에 비유한다. 거칠고 광활한 바다를 항해하는 탐험가에게 정해진 뱃길은 없다. 종착지도 정해진 바가 없으며, 선택 가능한 항로도 주어져 있지 않다. 문자 그대로 망망대해에 떠 있을 뿐 어디로 가야 할지, 어떻게 가야 할지 아무것도 정해진 것은 없다. 달리 말하면, 360° 모든 방향으로 바닷길이 열려 있다. 탐험가에게는 무한대의 자유가 존재한다. 탐험가마다 다른 곳을 향해 갈 수 있고 항해 도중에 만나게 될 위험도 각자 다르며, 심지어 어떤 위험을 만날지 예측하기조차 쉽지 않다. 항해 도중 만난 어려움을 해결하다 보면 의도했던 목적지와는 다른 곳으로 갈 수도 있다. 그랬다고 그가 항해에 실패했다고 말할 수는 없다. 왜냐하면 그 과정에서조차도 탐험가는 새로운 경험 또는 학습을 하게 되고, 그 결과로 또다시 항해할 새로운 목적지를 설정할 수 있기 때문이다. 요컨대 '항해 모형'은 탐험가에게 망망대해에서 스스로 새로운 길을 내야 하는 막막함을 요구하기도 하지만, 이전까지 전혀 경험해 보지 못했던 창조나 발견의 기쁨을 누리면서 몰입하게 할 수 있다는 의미를 지닌다.

미래 사회를 살아갈 우리 학생들은 실제 삶의 과정에서 부딪히는 문제를 발견하여 구조화하고 질문을 명료화하며, 이를 해결할 수 있는 역량을 길러야 한다. 여기서 중요한 것은 학생이 교사나 교과서가 제시한 인위적인 문제, 즉 학생의 삶과 유리된 '가짜 문제'를 풀면서 '정답 찾기'라는 소극적인 활동만을 수행해서는 안 된다는 것이다. 학생이 씨름해야 하는 문제는 실제 삶의 과정에서 학생이 발견한 '진짜 문제'여야 한다. 여기에서 '가짜 문제'가 하나의 정답을 전제하는 문제라면 '진짜 문제'는 문제가 놓인 상황, 맥락, 조건 등에 따라 수많은 해결책을 찾아낼 수 있는, 그래서 해결책을 찾아야 하는 순간의 상황을 종합적으로 고려하여 최선의 해결책을 찾아야 하는 문제이다. 학생은 이러한 '진짜 문제'를 찾기 위해 자신의 삶 또는 생활 현장이라는 거친 바닷속으로 뛰어들 필요가 있다. 삶의 거칠고 광활한 바다를 가로지르면서 자신의 관심을 끄는 문제를 발견하고 자신만의 해결책을 스스로 만들어 갈 줄 알아야 한다. 4차 산업 혁명 시대에 요구되는 인재는 이제까지 아무도 해 본 적 없는 일을 시도하며 새로운 문제를 발견하고 자신만의 창의적인 방식으로 문제를 해결하려고 노력하면서 새로운 가치를 창조할 수 있는 사람이다.

다시 미래 사회에서 학교라는 배움의 장으로 들어가 보자. 학생이 학습하거나 풀어야 할 문제는 미리 주어져 있지 않다. 학생이 처한 실제 삶에서 대면하는 모든 것이 교육의 내용이 될 수 있고, 끊임없이 시행착오를 겪으면서 배워 가는 과정이 곧 학습의 과정이다. '항해 모형'에서는 학교 교육이 중시하는 기존의 인위적인 경계나 자격 등은 모두 무효화된다. 배움의 장을 인위적인 학교 울타리 안으로 제한할 필요가 없으며, 가르치는 사람을 교사 자격증을 지닌 특정인으로 제한할 필요도 없다. 학교 교육과정이라는 명목으로 학생이 성취해야 할 목표를 일방적으로 그리고 획일적으로 처방할 필요도 없으며, 학생이 배워야 할 내용과 방법을 강제할 필요도 없다. 이런 환경에서만 오랫동안 억압되어 온 학생의 잠재 능력은 최대로 발현될 수 있을 것이다. 또 이런 환경에서 교육할 때 주어진 목적지에 빨리 도착하고자 노력하는 추격자fast-follower가 아니라 나아갈 방향과 목적지 자체를 탐색하면서 새로운 가치를 창조하는 선도자first-mover를 길러 낼 수 있을 것이다.

물론 이러한 '항해 모형'은 학교라는 제도에서 한 번도 시도해 본 적이 없다는 점에서 여러 위험 요인을 안고 있다. 학생이 방향을 잘못 설정하거나 학생이 설정한 목표가 현재의 학생의 능력으로는 해결하기 어려운 것일 수도 있다. 그리고 교사 자체도 이러한 교육을 받아 본 적도 실행해 본 적도 없기 때문에 이런 교육에 참여하기를 꺼려할 수도 있다. 그래서 미래 사회에서는 교사가 먼저 배운 다음 학생에게 '나처럼 해 봐.'라고 말하는 교육보다는 교사와 학생이 함께 탐색하면서 '나와 함께해 보자.'라고 말하는 교육이 필요하다. '항해 모형'의 교육은 종전의 교육 패러다임에서 완전히 벗어나야만 가능하다. 그런 점에서 '항해 모형'은 문자 그대로 기존 또는 현재 학교 교육의 파괴적 혁신을 요구한다.

> 우리는 '나처럼 해 봐.'라고 말하는 사람 곁에서는 아무것도 배울 수 없다. 오로지 '나와 함께해 보자.'라고 말하는 사람들만이 우리의 스승이 될 수 있다.
> – 들뢰즈 –

 **부록**

21세기는 별의 시대, 저마다 '빛나는 별'이 되도록 해야

나는 별을 좋아한다.
특히 밤하늘에 반짝이는 무수한 별들을 좋아한다.
어찌 나뿐일까.
주변의 많은 사람도 밤하늘을 아름답게 수놓는 별들을
좋아할 것이다.

후기 인상파 화가 빈센트 반 고흐가 그린 '별이 빛나는 밤'을
좋아하지 않을 사람이 있을까?
그림에 별로 관심이 없는 사람일지라도 고흐의 '별이 빛나는 밤'을
보면 한동안 눈을 뗄 수 없을 것이다.

얼마 전 중국 알리바바 그룹 창업자인 마윈도 별들을 예찬했다.
20세기가 '번쩍이는 달의 시대'였다면,
미래는 '반짝이는 별들의 시대'가 될 것이라고.
20세기가 달과 같은 거물급 기업인들의 역할이 중요했던 시대였다면, 21세기는 수많은 젊은 창업자가 주도하는 시대가 된다는 의미일 것이다.

별을 좋아하는 이유가 또 있다.
해나 달은 하나뿐인 반면 별은 그 수가 무한에 가깝다.
은하에 있는 별의 수만도 천억 개에서 이천억 개에 이른다.

우주에는 은하의 수가 은하 속의 별 수만큼 많다.
우주에 떠 있는 별의 수는 사막의 모래알만큼이나 많다는 얘기다.

별은 그 수가 많을 뿐만 아니라 각기 다르다.
자신만의 색깔과 밝기를 갖는다.
위치와 거리도 다 다르다.
그래서일까?
사람들은 밤하늘을 쳐다보며 자신의 별을 찾는다.
별들은 저마다 자신만의 특이성, 유일성을 지닌 채 밤하늘을
아름답게 수놓으며 황홀한 광경을 연출해 낸다.
고흐의 '별이 빛나는 밤'이 보여 주듯…….

교육은 학생들에게 해나 달이 되라고 가르치기보다
자신만의 특이성과 유일성을 지닌 별이 되라고 가르쳐야 한다.
수많은 학생이 하나밖에 없는 해나 달이 되려고 할 때
학교 교육의 불행은 시작된다.
하나의 기준에 따라 한 줄 세우기를 할 수밖에 없기 때문이다.
인간은 존재 그 자체로 존중받아야 한다는 것이
인류가 역사를 통해 학습한 귀중한 교훈이다.

인간에게는 누구에게나 자신만의 꿈과 끼가 있다.
학생들이 저마다 자신의 꿈과 끼를 찾아 일구어 나갈 때
배움의 진정한 기쁨을 누리고 참된 자아를 실현할 수 있다.
하나뿐인 해나 달을 향해 무한 경쟁으로 치달을 것이 아니라
저마다 자신만의 별을 찾아 꿈과 끼를 키우는 교육을 실현하는 것은
성인인 우리의 몫이다.

이 글이 소중하고 보배로운 우리 학생 한 사람 한 사람을
우주에 하나밖에 없는 독창적이고 아름다우며 역동적인 별로,
그리하여 총체적으로는 우주를 황홀하게 수놓는
아름다운 별무리가 되도록
교육 환경과 시스템을 개선하고 바꾸어 나가는 데
기여할 수 있기를 기대한다.

※ 한국교육개발원에서 발간하는 「교육 개발」(2016년 봄호)의 CEO 칼럼에 실린 필자의 원고를
일부 수정하여 게재함을 밝혀 둡니다.

기억하는 인간 vs 상상하는 인간

'기억'의 반대말은 무엇일까?
망각이다.
우리는 뭔가를 기억하기도 하고 망각하기도 한다.
많은 사람은 기억의 반대말이 망각이라고 생각할 것이다.

하지만 '기억'의 반대말이 정말 망각일까?
상상이라고 말하는 사람도 있다.
노벨 평화상을 수상한 시몬 페레스 전 이스라엘 대통령이
그렇게 말한다.
그런데 기억의 반대말이 어떻게 상상이라는 말인가?

망각과 상상 중 기억의 반대말로 어느 것이 더 적절한가?
기억하지 못하는 것을 망각이라고 하므로
어법적으로는 망각이 기억의 반대말이다.
다수결에 따르더라도 더 많은 사람이 기억의 반대말을
망각이라고 말할 것이다.
뭔가를 기억하는 걸 중시하는 사람은
특히 망각을 기억의 반대말이라고 말할 것이다.

기억이 중요했던 시절이 있었다.
뭔가를 기억하는 것은 중요한 일이었고,
기억하지 못하면 나쁜 것이었다.
학교에서도 한때는 기억이 무엇보다 더 중요했다.

얼마나 많은 지식을 기억하는지 수시로 평가했고,
장학 퀴즈 왕처럼 많은 지식을 기억하는 사람을
천재 또는 지식인이라고 불렀다.

그러나 기억이 중요했던 시절은 지나갔다.
IBM의 인공 지능 왓슨은 미국 제퍼디 쇼에서 퀴즈 왕으로,
구글의 인공 지능 알파고는 세계 바둑 챔피언과의 대결에서 바둑왕으로
등극했다.
인공 지능 의사, 변호사, 회계사, 조교 등이 출현하여
활동하기 시작했다.
실제 세계와 가상 세계가 연결되고 융합되면서
실제와 가상의 구분이 불가능하고 무의미해지는
미증유의 세계가 열리고 있다.

필자는 기억의 반대말로 망각보다는 상상을 선호한다.
기억은 과거에 경험한 것을 기억한다는 점에서
과거 지향적인 말이다.
상상은, 미래에 가능한 일을 상상한다는 점에서
미래 지향적인 말이다.
과거를 상상하는 것이 어색하듯이 미래를 기억하는 것도 어색하다.

필자는 기억의 반대말로 망각보다는 상상을 선호한다.
기억은 과거를 똑같이 기억한다는 점에서
동일성과 무료함을 친구로 삼는다.
상상은, 생각의 자유로운 흐름이라는 점에서
새로움과 흥미진진함을 친구로 삼는다.

필자는 기억의 반대말로 망각보다는 상상을 선호한다.
기억은 상자 속에 갇힌 사유에 기반하고 있다면,
상상은 상자 밖의 사유를 중시하기 때문이다.
기억은 반복을 강조함으로써
인간을 지루하고 헐벗은 삶으로 이끈다면,
상상은 차이 생성을 강조함으로써
인간을 흥미진진하고 풍성한 삶으로 이끈다.

교육을 통해 어떤 인간을 기를 것인가?
기억하는 인간을 기를 것인가,
상상하는 인간을 기를 것인가?
과거 지향적인 인간을 기를 것인가,
미래 지향적인 인간을 기를 것인가?
반복하면서 무료하게 살아가는 인간을 기를 것인가?
매 순간 새로움을 상상하면서
흥미진진하게 살아가는 인간을 기를 것인가?

미래 인간의 삶에서 기억의 자리는 축소되지만
상상의 자리는 끝없이 확장될 것이다.
과거의 기억에 구속되어 살게 할 것인가,
미래를 상상하면서 자유롭게 살게 할 것인가?
미래를 살아갈 학생들을 기르는 교육 활동의 종사자로서
필자는 기억의 반대말은 망각이 아니라 상상이라고 얘기하고 싶다.

※ 한국교육개발원에서 발간하는 「교육 개발」(2017년 봄호)의 CEO 칼럼에 실린 필자의 원고를 일부 수정하여 게재함을 밝혀 둡니다.

'다르게 되기' 교육을 하면
인공 지능(AI)이 두렵지 않다

얼마 전 알파고와 이세돌의 바둑 대결이 있었다.
이세돌이 이기리라는 기대와 달리 알파고의 일방적 승리로 끝나자
인공 지능에 대한 우려가 넘쳐났다.
인공 지능과 관련된 세미나가 잇따라 열리고
인공 지능 시대에 대비한 다양한 개혁 방안들이 논의되었다.

알파고나 인공 지능을 두려워할 필요는 없다.
우리 사회가 교육력이 왕성하고
교육의 참된 가치가 우리 사회를 풍성하게 채운다면 말이다.

나에게는 두 딸이 있다.
큰 딸은 합리적이고 이지적이며,
작은 딸은 애교가 많고 감정 표현이 풍부하다.

나는 두 딸을 좋아한다.
두 딸이 지닌 같은 점 때문이 아니라 다른 점 때문에 더욱 좋아한다.
큰 딸은 작은 딸로 대체될 수 없는 유일무이한 존재이며,
작은 딸 역시 큰 딸이 대신할 수 없는 특이성을 지닌 존재이기
때문이다.

어찌 내 딸들 뿐이겠는가?
세상에 존재하는 모든 사람,
지금까지 존재했던 모든 사람은

대체될 수 없는 자신만의 특이성을 지닌
그런 사람이지 않았겠는가?

삶의 행로나 경험, 감성이나 심리, 성격뿐만 아니라
지문이나 홍채 같은 신체 각 부분까지
특이성이나 개별성을 지니고 있지 않은가?
그래서 지문이나 홍채 인식 같은 생체 인증도 가능한 것 아닌가?

한때 교육은 '같게 되기' 활동으로 오해된 적이 있었다.
공장의 대량 생산 방식의 높은 생산성에 고무되어
학교도 공장처럼 운영해야 한다고 생각한 적이 있었다.
학생은 원자재로, 교사는 작업 반장으로, 학교는 공장으로 간주되었다.
원자재인 학생은 언제나 대체 가능한 존재였다.
특이성이나 개별성 대신에 학생이라는 일반성만이 존재했다.

그러나 교육은 '같게 되기'보다는 '다르게 되기'를 추구하는 활동이다.
학생은 대체 가능한 존재라기보다는 자신만의 지문과 홍채를 지닌
특이성과 개별성의 존재이다.
학생의 특이성과 개별성을 존중하며 키워 나가는 교육,
그것이 '다르게 되기' 교육이다.

알파고의 시대, 인공 지능의 시대에 기계와 경쟁하기보다는
기계와 공존해야 한다.
기계가 잘할 수 있는 것은 기계에게 맡기고,
인간은 인간이 잘할 수 있는 것을 해야 한다.

인간이 잘할 수 있는 것은 무엇인가?
창의성이다.
특히 예술가는 매번 새로움을 찾아내고자 치열하게 고뇌한다.
다빈치의 '모나리자', 모네의 '수련',
천경자의 '미인도'나 이중섭의 '소'도
이전에 이 세상에 없었던 새로운 작품이었기에 의미가 있다.
이들을 모방한 '모나리자'나 '수련', '미인도'나 '소'에게는
예술 작품이라는 명칭을 부여할 수 없다.

우리가 추구해야 할 진정한 교육은 '다르게 되기' 교육이다.
저마다의 특이성과 개별성을 길러 주려는
지극히 인간적인 활동이 바로 교육이다.
특이성, 개별성, 창의성은
인공 지능이 결코 이해하거나 흉내 낼 수 없는 영역이다.
학생의 특이성과 개별성을 기반 삼아
'다르게 되기' 배움을 거쳐
창의성을 활짝 피어나게 하는 것,
이것이 바로 교육의 참된 가치이자 논리이다.

이런 교육적 가치가 우리 사회에 차고 넘쳐날 때
학생은 진정한 기쁨과 참된 행복감을 경험하며,
정치, 경제, 사회, 문화, 예술 등 우리 삶의 다양한 영역에서의
성취 또한 자연스럽게 뒤따라오게 될 것이다.

진정한 교육은 특이성, 개별성, 창의성을 이해하거나
흉내 내지 못하는 인공 지능을 두려워하지 않는다.

이 글이 우리 사회에서 학생 개개인의 꿈과 끼를 실현하고자
'다르게 되기' 교육을 추구하는 많은 사람에게
큰 힘이 되기를 기대한다.

※ 한국교육개발원에서 발간하는 『교육개발』(2016년 여름호)의 CEO 칼럼에 실린 필자의 원고를
일부 수정하여 게재함을 밝혀 둡니다.

인공 지능의 시대,
기계의 객관성과 경쟁하기보다
인간의, 너무나 인간적인 주관성에서
의미 찾아야…….

도널드 트럼프가 차기 미국 대통령에 당선되었다.
언론 예측이 철저하게 빗나간 사건이었다.
그런데 당선을 정확히 예측한 존재가 있었다.
인도계 스타트업(신생 벤처 기업)인 '제닉 AI'가 개발한
인공 지능 모그 IA였다.
모그 IA는 SNS의 빅 데이터 분석에 근거하여
트럼프의 당선을 예측했다.

이 사태를 어떻게 받아들여야 할까?
알파고의 충격 이후 또 한 번의 충격이다.
최고 전문가들의 자문을 받은 언론의 예측이 빗나간 반면,
빅 데이터를 활용한 인공 지능의 예측은 적중했다.
인공 지능과의 경쟁에서 인간이 또 진 것이다.
인공 지능의 예측이 적중했던 것은
인공 지능의 분석이 더 객관적이었기 때문이다.

왜 그럴까?
인간은 자신의 경험, 선호, 관심이나 필요, 사회·문화적 맥락 등의
영향으로부터 완전히 자유로울 수 없다.
그러나 인공 지능은 인간적인 특성과는 무관한

기계의 객관적인 눈으로 세계를 보고 데이터를 분석한다.
기계 앞에서 인간의 객관성을 논하는 것은 부질없어 보인다.

러시아의 영화 감독 베르토프Vertov는
'영화적 눈kinoeye'이라는 표현을 사용했다.
영화적 눈은 카메라의 시각 또는 관점을 의미한다.
인간의 '주관적 지각'과 대조되는,
카메라가 만들어 내는 이른바 객관적인 '영화적 지각'을
가능하게 하는 것이 바로 '영화적 눈'이다.

기차 여행을 한다고 상상해 보자.
빠르게 달리는 차창 밖으로 스쳐가는 수많은 풍경을 우리는 지각한다.
기차 밖으로는 동일한 풍경이 펼쳐짐에도 불구하고
사람마다 자신이 관심 있는 풍경만을 지각한다.
사실 기차 여행을 하는 사람들이 차창 밖의 풍경을
객관적으로 지각한다는 것은 애초에 불가능한 일이다.

그렇다면 영화의 눈에 해당하는 카메라의 지각은 어떨까?
서울에서 부산까지 기차 여행을 하면서
카메라로 차창 밖의 풍경을 촬영한다고 가정해 보자.
카메라마다 다른 풍경이 찍혀질 수 있는가?
카메라의 성능에 따라 선명성에 차이가 있다거나
카메라 촬영 각도에 따라 풍경의 프레임이 달라질 수는 있어도
카메라의 지각은 동일할 것이다.

기차 여행의 예시는 인간의 지각은 주관적이고 선택적인데 반해

카메라의 지각은 객관적임을 보여 준다.
주변 장면의 세세한 것들을 객관적으로 기억하는 일에서
인간이 카메라와 경쟁하는 것은 부질없다.
그리고 인간은 주변의 자연이나 사회 현상을
객관적으로 분석하고 이해하는 일에서
인공 지능과 경쟁하기가 어렵다.
객관적인 지각과 인식은 카메라나 인공 지능에게
자리를 양보해야 하는 상황에 이르렀다.

그렇다면 카메라와 인공 지능의 등장으로
인간의 지각과 인식은 어떠한 의미나 가치도 지니지 못하는가?
그렇지는 않은 것 같다.
19세기 카메라가 발명되자 위기에 처한 예술은
예술 활동의 성격을 새롭게 규정함으로써
비약적인 발전을 이룰 수 있었다.
예술은 대상을 단순히 재현하는 활동을 넘어서
인상 또는 추상 표현 활동으로 새롭게 규정되었다.

필자는 객관성보다는 주관성에 더 많은 관심을 가진다.
왜냐하면 주관성은 인간적인, 너무나 인간적인 것이기 때문이다.
인간은 기계와 달리
자신의 몸에 구속되어 지각하는 독특한 특성을 지닌다.
인간은 자신의 몸에 구속된 그 같은 지각에서
의미를 찾거나 부여하는 존재이다.

인공 지능의 시대에 인간은 기계의 객관성과 경쟁하기보다는

부록

인간적인, 너무나 인간적인 주관성에서
의미를 찾고자 노력할 필요가 있다.
기계의 눈이나 분석이 객관성의 상징이 된다고 해서
인간의 존재 가치나 의미가 사라지는 것은 아니다.
주관성이나 유한성에 기반한 인간적인 지각이나 인식을
객관성만을 중시하는 기계가 결코 흉내 낼 수 없기 때문이다.

4차 산업 혁명이 진행되는 시공간에서
인공 지능은 인간의 '객관적인' 지각이나 인식 능력을
웃음거리로 만들고 있다.
그러나 다행스러운 것은
인간은 객관성조차도 뛰어넘을 수 있는 역량을 지닌
존재라는 점이다.
교육학자 니버그와 에간Nyberg & Egan에 따르면,
인간은 신화적 단계, 낭만적 단계, 철학적 단계를 거쳐
역설적 단계로 발전한다.
달리 말하면, 인간의 교육적 발달은
객관성을 중시하는 철학적 단계에서 종료되는 것이 아니라
그 단계를 넘어 역설적 단계로 나아가야 한다.
역설적 단계는 인공 지능과 같은 기계가 범접하기 어려운
인간만이 지닌 고유한 영역에 해당한다.

이 글이 인공 지능의 객관성에 주눅 들지 않고,
인간의, 너무나 인간적인 주관적 특성을 존중하고
인간적 지각과 인식에 가치를 부여하는

교육학자, 교육 정책 개발자, 학교 경영자, 현장 교사 등을
포함한 모든 교육 관계자에게 큰 힘이 되기를 기대한다.

※ 한국교육개발원에서 발간하는 「교육 개발」(2016년 겨울호)의 CEO 칼럼에 실린 필자의 원고를
일부 수정하여 게재함을 밝혀 둡니다.

참고 문헌

프롤로그 학교라는 알을 깨고 나오기
- Christensen, C., Horn, M. & Johnson, C.(2008), 『Disrupting Class: Disruptive innovation will change the way the world learns』. (『행복한 학교』, 2009, K-Books).
- Harari, Yuval(2015), 『Homo Deus: A brief history of tomorrow』. (『호모 데우스: 미래의 역사』, 2017, 김영사).

제1부 4차 산업 혁명 시대, 새로운 교육을 부른다
- 국제미래학회·한국교육학술정보원(2017), 『제4차 산업 혁명 시대 대한민국 미래 교육 보고서』, 광문각.
- 산업연구원·과학기술정책연구원(2017), 「제4차 산업 혁명의 경제·사회적 충격과 대응 방안: 기술과 사회의 동반 발전을 위한 정책 과제」, 경제인문사회연구회 협동 연구 최종 보고 자료.
- 정보통신정책연구원(2017), 「4차 산업 혁명: ICT의 역할 및 정책 방향」, 연구 보고서.
- Frey, C. B. & Osborne, M. A.(2013), 『The future of employment: How susceptible are jobs to computerization』.
- Schwab, K.(2016), 『The Fourth Industrial Revolution』. (『클라우스 슈밥의 제4차 산업 혁명』, 2016, 새로운 현재)
- 「A teaching assistant named Jill Watson」, TED×SanFrancisco.

제2부 4차 산업 혁명 시대, 교육 혁신을 위한 새로운 관점들
- 폴 김·함돈균(2017), 『교육의 미래, 티칭이 아니라 코칭이다』, 세종서적.
- Gardner, H.(1983), 『Frames of mind: The theory of multiple intelligences』. (『마음의 틀』, 1993, 문음사).
- Robinson, K. & Aronica, L.,(2016), 『Creative schools: The grassroots revolution that's transforming education』. (『아이의 미래를 바꾸는 학교 혁명』, 2016, 21세기북스).
- 「Do schools kill creativity」, TED Talks.
- 「GERM that kills schools: Pasi Sahlberg at TED×East」.
- 「Howard Gardner discusses multiple intelligences」, YouTube.
- 「New experiments in self-teaching」, TED Talks.
- 「Nicholas Negroponte: One laptop per child, two years on」, TED Talks.

- 「Paul Kim: Technology, education and the people」, YouTube.
- 「Teaching kids real math with computers」, TED Talks.
- 「The future of education: Sajan George at TED×UNC」.

제3부 세계의 혁신적인 학교들
- 각 학교·대학의 홈페이지.
- 각 학교·대학의 위키피디아 자료.
- Khan, S.(2012), 『The one world house: Education reimangined』. (『나는 공짜로 공부한다』. 2013. 알에이치코리아).
- 「Big Picture Learning: A look at the MET school」, (from YouTube).
- 「Designing a university for the new millennium: David Helfand at TED×West Vancouver ED」.
- 「Minerva: A new kind of higher education」, YouTube.
- 「Stanford 2025 - Scott Doorley」, YouTube.
- 「Steve Job School: Maurice de Hond at TED×Amsterdam ED」.

제4부 4차 산업 혁명 시대를 대비한 한국 교육의 혁신 방향
- 김선(2018), 『교육의 차이: 세계의 교육 강국, 그들은 어떻게 인재를 키우는가』, 혜화동.
- 김재춘(2017), 「미래의 학교 교육: 실제 세상을 학습의 장으로 삼아야」, 국제미래학회·한국교육학술정보원(2017), 『제4차 산업 혁명 시대 대한민국 미래 교육 보고서』, 광문각. 311~320쪽.
- 김재춘·배지현(2016), 『들뢰즈와 교육: 차이 생성의 배움론』, 학이시습.
- 이돈희(1999), 『교육 정의론』, 교육과학사.
- 후쿠타 세이지(2010), 『영국 교육의 실패와 핀란드 교육의 성공』, 북스힐.
- Boyd, W.(1966), 『The history of western education』, (『서양교육사』, 2008. 교육과학사).
- Gowin, B.(1987), 「Educating」, Cornell University Press.
- Harari, Yuval(2015), 『Homo Deus: A brief history of tomorrow』. (『호모 데우스: 미래의 역사』, 2017. 김영사).
- World Economic Forum(2017). What are the 21st-century skills every student needs? (https://www.weforum.org/agenda/2016/03/21st-century-skills-future-jobs- students)

제4차 산업 혁명과 교육
학교의 미래, 미래의 학교

초판 3쇄 발행 | 2020년 1월 15일
저자 | 김재춘
펴낸이 | 김영진

펴낸 곳 | (주)미래엔
등록 | 1950년 11월 1일(제16-67호)
주소 | 06532 서울특별시 서초구 신반포로 321
전화 | 02.3475.4092(영업) 02.3475.4054(편집)
팩스 | 02.541.8179
홈페이지 | www.mirae-n.com

ISBN 978-89-378-8915-8 93370

※ 잘못된 책은 구입처에서 바꾸어 드립니다.